JN023203

く，知的ではあるけれども専門的ではない人々向けです。もちろん歴史は現状の理解を助けるものであり，そして楽しませてくれるものでもありえます。

　内容についての意思決定を助けてくれたことについてオックスフォード大学出版局のアンドレア・キーガンとエマ・マーとに私は大変感謝しています。匿名の査読者とデイヴィッド・アレクサンダー（バーミンガム大学）とピーター・ホルゲイト（PwC）とボブ・パーカー（エクセター大学）とジム・ルーニー（シドニー大学）とからのよき改善提案にもまた私はお礼申し上げます。

クリストファー・ノーベス

ロイヤル・ホロウェイ（ロンドン大学）

とシドニー大学との兼任

2013年7月

まえがき

　会計はとても広大な話題です。会計記録は人類にとって最も歴史あるものであり，すなわち会計は叙述された歴史と同じ長さの歴史を有します。企業やパブリック・セクターの機関の経営者は管理会計の報告書を毎日使っています。何万社もの上場会社によって財務報告が年に数回公表されます。国際財務報告基準の規則集は今年の時点で3,600ページを超えています。そしてこれに対応するアメリカの規則集はより長いです。そこでこのシリーズの他の全ての著者にとってと同様に，「とても短い」ということを実現するのは挑戦的です。もし私の学術的なあるいは専門職的な同僚が彼らのお気に入りのトピックに私が割り当てた分量が不合理に短い（あるいは完全に省略した）と考えるならば，短くする必要性があったことに基づいて私は釈明することになります。一方で私の同僚（特に会計プロフェッション出身の）は，私がカバーしておくことにした歴史への叙述について何の意義も見出さないかもしれません。幸いにもこの書籍は私の同僚向けではな

ノーベス
会計学入門

クリストファー・ノーベス 著　水谷 文宣 訳

ACCOUNTING
A Very Short Introduction

Christopher Nobes

税務経理協会

目　　次

図　一　覧

第1章

序

この書籍の目的

　もしあなたが新聞のビジネス欄を読んだり，あるいはテレビやラジオの財務ニュースを視聴するならば，「負債」や「貸借対照表」，「利益」などの用語をよく聞くことになるでしょう。「彼は資産というよりも負債である」というように，これらの用語は財務以外の文脈においても使われています。もしあなたが株式に投資したり住宅金融組合の口座を保持したりアパートのブロックを所有する不動産会社の委員会のメンバーになるならば，財務諸表を毎年受け取ることになるでしょう。もしあなたが企業や病院や学校の管理職を務めるならば，会計情報をしばしば閲覧することになるでしょう。この書籍は知的ではあるけれども会計が専門ではないあなた向けに書かれています。

　この書籍はあなたが会計士になるように導くのではなく，あなたが会計情報を理解したり使うことをサポートすること

になるでしょう。もはや「負債」や「税引前利益」や「のれん」を含む議論を理解できないと感じる必要がなくなります。また，会計学の学術的あるいは専門職的学習への有用な手引きにもなるでしょう。用語についてはその初出の際に説明しますが，もし難しいと感じるならば，重要用語を説明する用語集を参照することができます。

会計の重要さ

　世界中で考古学者が文章に関するものや数値を含む初期の遺物を発掘するたびに，その見付けたもののほとんどは，会計記録です。会計の記録をする必要性が，叙述と数値との発明の重要な原動力であったことを研究成果は示しています（図1を参照）。

　文明は道路や防衛や秩序を提供する何らかの形の政府を必要とします。税収なくして政府は機能することができません。会計なくして税務は機能しません。よって文明は会計に頼ります。ここまでの結論は，会計は重要である，というものです。

　近代世界において，繁栄はよき会計に頼ります。会計士によって作成された情報は意思決定に用いられます。例えば次のようなことに用いられます。テスコやウォルマートは特定の商品をいくらに価格設定するべきでしょうか？　ゼネラル・モーターズはその自動車をミシガンとマレーシアとのどちらで組み立てるべきでしょうか？　私はシティバンクとHSBCのどちらの株を買うべきでしょうか，あるいはどちら

も買わないでおくべきでしょうか？　私は株主やクラブのメンバーとして，現在の取締役の再任を支持する票を入れるべきでしょうか？　現行のルールに従えば，いくらの税を会社や個人は今年支払うべきでしょうか？　ノキアはその株主にどの程度の配当を今年支払うべきでしょうか？

図1　数値の記録に使われたシュメールの粘土板

　もしこれらの決定が上手くなされないならば，世界は一層悪くなるでしょう。病院や橋やモーツァルトやシャンパンといった重要なもののための資金が結果として減少してしまうでしょう。

会計の種類

　以下で説明するように，会計の活動はいくつかの種類に分

けることができます。

簿　　記

　最終的に会計情報をどのように利用するのであっても，最初にローデータが集められなくてはなりません。店舗が何かを販売したり銀行が資金を課したり製造業が賃金を支払う各時点において，記録が付けられなくてはなりません。全ての取引が記録されるプロセスのことは簿記と呼ばれます。それは一連の紙切れ（仕訳帳）と大きな帳簿（元帳）とによって実施されていたものですが，今日では一般にコンピュータによって実施されます。どちらの方法であっても，ほとんど常に用いられる技法は，13世紀のイタリアの発明たる「複式簿記」です。そこで登場する借方と貸方は有名です。

財 務 会 計

　財務会計は主体のキャッシュ・フローと利益と財政状態とを計算し報告するための会計データの利用のことです[1]。「主体」という単語は，全ての種類のプライベート・セクターとパブリック・セクターとの組織を含むためにここで用いられます。株主などの主体の外部者のために要約された形式で財務会計の情報は作成されます。こうした情報を送付するプロセスは，財務報告と呼ばれます。会社の株主を例としてとってみれば，彼らが彼らの会社とその管理職との成功とを査定

1　近年の日本企業を前提とした企業会計の議論では主体という用語を聴き慣れていない読者もいるかもしれません。しかしかつては日本でも会計主体論と呼ばれる会計学のテーマがありました。

するのを財務報告は助けます。財務報告は損益計算書と貸借対照表とを含んでいます。

監　査

　多くの主体において，特に大きな主体において，大部分の所有者は日々の業務に従事する管理職ではありません[2]。これが，財務報告が必要な理由です。しかし，管理職（会社の内部の会計士を含む）が外部者に報告する際に彼らが過大に主張したり，問題を隠したりという恐ろしいリスクがあります[3]。これが，管理職によって報告された情報をチェックするために独立した専門家が必要とされる理由です。多くの会計士が監査の分野で働いています。

管 理 会 計

　経理担当者によって集められた情報は，個別の製品や工場や管理職についての詳細の情報を提供するためにも用いることができます。これは会社内部の管理職によって，価格や製造する数量や力を入れるべきところや誰を昇進させるかの意思決定のために用いられます。そして，また会社をコントロールするためにも用いられます。

　管理会計は原価計算（特定のユニットや特性の種類の製品

2　イギリスでは取締役ではなく中間管理職のために執筆された経営学の文献が高い評価を獲得することがあり，中間管理職については学術的議論において無視できません。

3　日本においては会計事務所のような会計を専門とする企業以外で会計士として働く従業員は少ないです。しかし，国によっては企業内会計士と呼ばれる従業員が多数います。例えばアメリカです。

の原価の算定に焦点を当てる）と予算コントロール（営業活動における意思決定をするために管理職を助けるべく特定の管理職に関するインプットとアウトプットを特定する）とを含むいくつかの種類の活動に分けることができます。

会計士協会と会計事務所

多くの他の分野の業界と同様に，会計士は彼らの権益を拡大するために協会を形成してきました。会計士協会の初期の例は，1581年から続くヴェネツィアのコレジオ・デイ・ラソナティでした。このヴェネツィアのアルセナーレでの造船の作業は，ヴェネツィアの成功にとって重要であり，原価管理と不適切な経営の探知とのためにその国が監査人の協会を設立する程でした。しかし最初のプライベート・セクターの会計士協会は，後ほど第２章で説明しますが，19世紀にイギリスで設立されました。表１は世界中のこれらの協会のいくつかの例を示しています。

多くの分野におけるのと同様に，統計的情報の国家間比較は困難に満ちています。例えば表１におけるドイツの協会は実務に従事している監査人のみをメンバーとしており，一方でイギリスの勅許管理会計士協会に監査人は非常に少ないです（そして彼らは他の団体のメンバーでもある場合にのみ監査人です）。それでもやはり，会計士は英語圏の名産物ということは明らかです。極端な事例では，オーストラリアやニュージーランドやイギリスのように，会計士は非常にそして極めて多いです（例えばニュージーランドにおいては人口

表1　会計士協会の例と設立年と規模

国	主体	設立年[a]	2010年におけるおおよその会員数(単位1000名)
オーストラリア	オーストラリア公認会計士協会	1952 (1886)	132
	オーストラリア勅許会計士協会	1928 (1885)	54
カナダ	カナダ勅許会計士協会	1902 (1880)	78
中国	中国注冊会計師協会	1988	140
フランス	会計士協会	1942	19
ドイツ	監査人協会	1932	13
日本	日本公認会計士協会	1948 (1927)	20
オランダ	オランダ登録会計士協会	1967 (1895)	14
ニュージーランド	ニュージーランド会計士協会	1909 (1894)	32
スウェーデン	スウェーデン公認会計士協会：スウェーデン監査人協会	2006 (1899)	6
イギリスとアイルランド	イングランド・ウェールズ勅許会計士協会	1880 (1870)	136
	スコットランド勅許会計士協会	1951 (1854)	19
	勅許公認会計士協会	1939 (1891)	140
	アイルランド勅許会計士協会	1888	20
アメリカ	米国公認会計士協会	1887	348

a：（　）は前身となった最古の団体の年

の1パーセント近く）。大手の会計事務所（後述の箇所を参照）はこれらの場所の大学の新卒者の最大の雇用主です。会計に関する職はこれらの国々の会社の代表取締役に最もよくある経歴であり，何人かの会計士は議会議員です。他の極端な例としては（例えばドイツ），BMWやルフトハンザでは

経理部長すら訓練を受けた会計士ではなさそうでありその代わりにビジネススクール出身者か技術者でしょう。

（倒産や監査や税務などの領域で）プロフェッショナル・サービスを提供する一部の会計士は独立して活動していますが，他の会計士たちはパートナーシップに加盟してきました。4つの有名会計事務所は，現在全てアメリカにおいて最大手ですが，全てその最初の起源をイギリスに遡ることができます。アルファベット順でこれらの事務所は，デロイト，アーンスト・アンド・ヤング，KPMG，PwCです。

これらの名前の構成要素は以下の通りです。

- デロイトは法的には「デロイト・トゥシュ・トーマツ・リミテッド」というイギリスの会社です。「デロイト」はロンドナー（ウィリアム・デロイト）に由来し，「トゥシュ」はエディンバラ生まれのジョージ・トュシュに由来し，「トーマツ」は日本の監査人に由来します。
- A・C・アーンストはクリーブランドで働きました。アーサー・ヤングは最初はグラスゴーでそしてニューヨークで働きました。アーンスト・アンド・ヤングの国際本部はロンドンにあります。
- KPMGはかつてはクリンヴェルド（オランダ人）とピート（ロンドン）とマーウィック（グラスゴー，後にニューヨーク）とゲルデラー（ドイツ人）を意味しました。法的な理由と納税上の理由で，KPMGはスイスを本拠地としています。
- PwCは「プライス」と「ウォーターハウス」と4人の「クーパー」兄弟（全員ロンドン出身）にちなんだ名称の様々な会計事務所の合併の産物です。

規　　　則

会計の業務の一部の領域は，それらを制御するための規則

を必要としません。特に，管理会計は組織の内部で実施されるものであり，そしてその特定の状況に適合するように綿密に調整されえます。しかし，財務報告は多くの投資家その他によって用いられるものですから，それが規制されていることでのメリットがあります。世界各地で，様々な形態の法律が「会計基準」を会社，特に上場会社に課しています。基準は会計士の委員会によって書かれています。そして最も重要な委員会は国際会計基準審議会（IASB）です。

関 連 領 域

会計事務所の中核たる業務は監査ですが，イギリスの会計事務所は当初破産業務に特化しており，そしていまだにこれをこなしています。それは今日では婉曲的に「企業再建」と呼ばれます。また監査は「保証」の一部をなしています。世界中の会計事務所はまた，多くの税務に従事する従業員を抱えてもいます。一部の国々では（例えばドイツとイタリア），税務と会計とは非常に密接に連携しているので，一つの領域への精通は自動的にもう一方への精通を含意しています。他の国々では（例えばアメリカとイギリス），会計の主な目的は投資家に有用な財務報告をもたらすことです。よって会計は納税にあたっての計算のためには一義的には設計されていません。こうした後者の国々においては一部の会計上の数値は税務に用いられるにもかかわらず，税法に基づいた多くのなされるべき調整があります。アメリカにおいて，税務は会計上の領域というよりも法律家の領域です。

会計数値と頻繁に結びついたものではあるのですが，会計事務所の多くの従業員（多くの有資格の会計士を含む）はコンサルティングに従事しています。会計と関連するもう一つの領域はファイナンスであり，それは資金調達とその資金を最も上手く活かすこととに関係しています。ファイナンスは右記のような疑問に応じるものです。「もし会社が拡大を望むならば，その会社は資金を借り入れるべきでしょうか，それともその会社の所有者からさらなる資金を入手するべきでしょうか？」「もし会社に余剰資金があるならば，その会社は新しいプロジェクトに投資するべきでしょうか，株主に配当を支払うべきでしょうか，その会社の自己株式を買い戻すべきでしょうか，それとも負債を返済するべきでしょうか？」「会社がある特定の水準の利益を公表するときに，その会社の株価はどれだけ変動するでしょうか？」「株式や社債に投資している投資家は株式市場の平均を上回る成果を上げるためにどの戦略を用いるべきでしょうか？」

　この書籍は会計の中心の領域（財務会計と管理会計）に焦点を当てています。破産や税務，コンサルティングやファイナンスといった領域を論じるためには紙幅を割きません。

報 告 主 体

　極端なパターンの一つとして，企業はある単独の個人の他の所有者なしに，そしてその個人から法的に区別される組織なしに，その個人によって経営されえます。この企業を「個人事業主」と呼んでよいかもしれません。その事業主は企業

の負債への無限責任を負いそして利益について個人所得税を支払います。売却すべき区別された法的主体がないのですから，もしその企業が売却されるならば，その個人事業主は個人の資産と負債とを売却しなくてはならないということになります。それでもやはりその個人事業主は他の個人の活動から区別してその企業についての勘定を記録します。さもなければ，その企業の成功と納税上の計算の基礎は不明瞭になるでしょう。

　企業がより大きくなる場合には，技能と資金との貢献ができる共同所有者（パートナー）がいることは有益かもしれません。するとその企業はパートナーシップとなり，それは彼らの権利と義務とを特定したパートナーの間の契約で成り立ちます。アメリカやオーストラリアやイングランド（スコットランドは異なりますが）などのコモン・ローの国々では，パートナーシップはほとんどの目的に関しては独立した法的実体ではありません。よってパートナーはその資産と負債とに法的に責任を負い，そして利益についての彼らの取り分に対して彼らは税を支払います。それでもやはり「有限責任事業組合」（LLP）を設定することは可能であり，そして例えば多くの会計事務所はそうしてきました。これをする目的は，パートナーシップに対する訴訟を受けた場合のパートナーシップの負債の一部からのパートナーの保護を追求することです。ローマ法の国々（ヨーロッパの大陸側のほとんどの国々や南米や日本など）では，一般的にはパートナーは依然として事業税を払うのですが，パートナーシップの一部の形態は独立した法的地位を有します。

所有者の企業からの完全な法的区別は，会社を設定することによって達成されます。そして会社では通常は所有者は有限責任となっています。会社の所有権は株式によって表され，株式はある所有者（株主）から別のある所有者への法人の存続に影響を与えることなく譲渡されえます。会社はその所有者から独立した法的実体です。会社は資産を売買することができ，また会社はそれ自体の利益について税を支払います。

　EU全域と南アフリカとを含む多くの独立した法制度をなす地域において，会社は公開でも非公開でもありえます。非公開会社はその株式についての公開市場を作り出すことを許されていないので，それらは所有者と法人との間の私的な合意によって取引されなくてはなりません。多くの小規模企業は非公開会社として設定されています。契約によって，公開会社はそれらの株式を市場で取引させることを許されています。会社の呼称の一部は表2で示されています。公開会社は株式を公衆に提供しうるのでそれらはいくつかの追加的なルールに準拠しなくてはなりませんが，この規則は国によって異なりますがここでは詳細については触れません。

　市場の最大の形態は証券取引所です。証券取引所に上場する（指標に組み込まれた）会社については，従うべくして証券取引所や証券取引所の規制当局や他のルートから課される追加の規則があります。

　ここで，いくつかの言語学的な問題があります。最初に，英単語の「company（会社）」は一部の他の言語に厳密な同等物を有していません。例えば，フランス語のソシエテやドイツ語のゲゼルシャフトはパートナーシップもまた包含する

表2　EUにおいて会社を意味するいくつかの呼称

国	非　公　開	公　　開
ベルギーとフランスとルクセンブルク	Société à responsabilité limitée（Sarl）	Société anonyme（SA）
デンマーク	Anpartsselskab（ApS）	Aktieselskab（AS）
フィンランド	Osakeyhtiö-yksityinen（Oy）	Osakeyhtiö julkinen（Oyj）
ドイツとオーストリア	Gesellschaft mit beschränkter Haftung（GmbH）	Aktiengesellschaft（AG）
ギリシア	Etairia periorismenis efthynis（EPE）	Anonymos etairia（AE）
イタリア	Società a responsabilità limitata（SRL）	Società per azioni（SpA）
オランダとベルギー	Besloten vennootschap（BV）	Naamloze vennootschap（NV）
ノルウェー	Aksjeselskap（AS）	Almennaksjeselskap（ASA）
ポルトガル	Sociedade por quotas（Lda）	Sociedade anónima（SA）
スペイン	Sociedad de responsabilidad limitada（SRL）	Sociedad anónima（SA）
スウェーデン	Aktiebolag-privat	Aktieboag-publikt
イギリスとアイルランド	Private limited company（Ltd）	Public limited company（plc）

より広義の用語です。他の問題として，「public company（公開会社）」という用語は特にアメリカにおいては「上場」会社を意味するべく用いられる傾向にあります。公開され有限責任の会社（とヨーロッパのどこかに属するそれの同等物）のみがイギリスでの上場を許されているということは事実ですが，そのような会社の大部分は上場しないことを選択します。よって，大部分のイギリスの公開会社は上場していません。

　実務において，世界のほとんど全ての重要な会社は実際に

は協働する主体のグループです。フィンランドの電話会社であるノキアの例を見てみましょう。公衆はノキア株式会社と呼ばれる会社の株式を買うことができます。それは法的主体であり，そしてそれはそれ自体の権利においてビジネスを遂行します。しかしその活動の多くはフィンランドや他の国々における子会社たる法的主体で遂行されます。例えば，7つの国々に主要な製造子会社があります。これらの子会社は法的主体です。それらは地元で税を支払います。それらは頂点の親会社に向かって配当を支払います。

図2　1つの企業集団

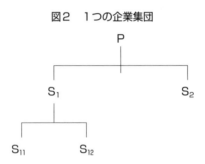

簡略化された例が図2で示されています。5つの法的主体として以下のものがあります。1つの親会社（P），2つの直接の子会社（S_1とS_2），そして子会社S_1の2つの子会社です。子会社と孫会社たる主体は親会社にコントロールされた主体です。その結果として親会社と子会社と孫会社とはグループとして一緒に行動します。会計士はグループ全体について「連結」財務諸表を作成します。大まかに言えばこれには，グループのメンバー全て，すなわち図2における5つの会社，の財務諸表の合算が含まれています。

第2章

会計の国際的発展

会計への国際的貢献

　この章はとりわけ以下の疑問に答えます。様々な国々は数千年間にわたって会計の発展にどう貢献してきたのでしょうか？　会計の目的は何でしょうか？　会計がどのように機能するのかに様々な目的はどのように影響するのでしょうか？複式簿記の重要な特徴は何でしょうか？

　この節はおおむね時系列に沿って，様々な国々が何世紀もの間に会計の発展にどのように貢献してきたのかいくつかの主要な例を概説します。重要な点についてはこの章の後の方で説明と展開とがされることになります。

　考古学者が中東の古代の遺物を発掘する際にその遺物に見られる文章や数値のほとんど全ては何らかの形で会計に関するものです。戦争や祭儀や建築のプロジェクトの経費，あるいは未払の税や支払済みの税の一覧です。書かれた数値と書かれた文章との起源は勘定を記録する必要性と密接に関係し

ている，ということは今日では上手く言語化されています。勘定の記録を必要とする主な理由の一つは，資源の受託者は彼らがその資源について何をしたかについて後になって所有者に計算書を提出するかもしれない，というものです。元々，これは高官が神殿群や国王たちに計算書を提出するというものでした。今日では，これは会社の取締役が株主に計算書を提出するというものです。

　ローマ人は例えば農園の利益を計算可能にした会計の様式を発展させました。後に，インドとアラブ世界とは洗練された数値の付与システムと会計記録を持ちました。しかし，究極的なシステムである複式簿記が発明されたのはおそらくは13世紀のイタリア北部でのことです。この発明は，パートナーシップや外国支店の導入などのビジネスの増大する複雑性によって導かれました。より後のことですが，フランスは17世紀に会計への法的なコントロールを発展させることになりました。

　17世紀のアムステルダムでは豪商という階級の存在と大規模プロジェクトへの大規模投資の必要性とが株主資本の大衆による購入を生み出しました。これにより経営に携わらない大勢の株主への報告の必要性が生じました。その後の産業革命では，企業の成長の必要性と莫大な資金を集めることが求められるようになりました。これは19世紀のイギリスで経営をチェックする監査人への要求を生むことになり所有と経営の分離の進展を意味しました。そして，スコットランドは会計プロフェッションの先駆となりました。

　20世紀初頭，ドイツは私たちに標準化された様式の財務諸

表を与えてくれました。その後、（後述する通り）アメリカはグループの財務諸表の連結と管理会計とリースの資産計上などの複雑な財務報告に貢献しました。イギリスは今日では多くの国々で会計の筆頭の原則となっている財務報告の「真実かつ公正な表示」という要求を発明しました。20世紀末に日本は、管理会計とマネジメント・コントロールとに大きく貢献しました。

　これら全ての会計への国際的影響に共通する特徴は、商業の発展が会計の進歩をもたらしたということです。驚くことではないのですが、どの時代の主導的な商業国家も会計についての主導的なイノベーターなのです。

借方と貸方

　会計の要点は借方と貸方です。私たちが見ていくように、借方と貸方とは代数的な意味で一致します（合計額は等しいのです）。それらは数値的に記録されるので、それらは算数的に利用できます（例えば利益を計算することができます）。借方と貸方とは複式というシステムの長所であり短所でもありますが、それらは複式というシステムよりも前からありました。

　複式が発明される前のイタリア北部の話に戻りましょう。例えば、1250年のフィレンツェに戻ります。当時のその都市は現在もそうであるようにファッション製品などの価値の高い製品を製造する小規模企業に特化していました。プラダやグッチやヴェルサーチェやドルチェ＆ガッバーナと同様の企

業を私たちが見ていると想像しましょう。その企業はボックス1にあるような少し基礎的な事実を使って描写できます。

ボックス1

- その企業は単独の人物（例えばシグノル・マルコ・パッツィ）あるいは彼の家族によって所有され経営されています。
- 原材料（例えば羊毛）は遠く（例えばイングランド）から入手されそしてそれらが到着した際には現金での支払はされません。シグノル・パッツィにとってはイングランドへの長旅でフロリン金貨を送ることは無分別となるでしょう。彼は彼の仕入先であるヘンリー国王に信用状を送ってもよく，信用状はロンドンのメディチ銀行で使うことができます。
- 顧客のほとんどはフィレンツェの貴族と商人と聖職者であり，少人数のピサとミラノとヴェネツィアの顧客も加わっています。彼らは現金を直ちに支払うことは滅多にありません。彼らにそれを要求することは失礼となります。

　これらの状況下でどのような種類の会計記録が必要でしょうか？　会計は時間と貴重な紙とを必要とすることを思い起こしてください。そのためパッツィは本当に必要なもののみを記録したいと思うでしょう。私たちはボックス2のように必要ないものを見つけることから始めることができます。

ボックス2

- パッツィは少々の従業員を雇用します。しかし給与を記録することは必要ではありません。もしその日が金曜日であれば，彼は支払をします。もしその日が金曜日でなければ彼は支払をしません。
- もしパッツィが棚卸資産はどれだけあるかを知りたいならば，彼は店の押し入れを見ます。
- もしパッツィが現金はいくらあるかを知りたいならば彼は

> 金庫を見ます（カッサは金庫を意味する単語です。後に英単語の「現金」となりました）。
> ● 利益に対する税金はなく，そして利益を配分する相手はいませんので，利益が計算される必要はありません。パッツィは経験あるビジネスマンです。彼は彼がどれだけ上手くいっているかを「感じ取る」ことができます。

　一方で，商業上の混乱を避けるために決定的に必要なものは顧客がいくらパッツィに負っているのかとパッツィが他者にいくら負っているのかの記録です。これらの記録がないならば，パッツィは顧客からの支払を要求することを忘れてしまうでしょうし，仕入先からのパッツィへの要求が正当かどうかパッツィは判断できなくなるでしょう。パッツィはその記録を詳細（日付・時刻・金額・通貨など）にしておかなければなりません。良好な記録は顧客と仕入先とに話す際に説得的となるでしょうし，あるいはもし必要であれば何らかの理由で法廷に出廷する際に必要です。

　よってパッツィは各顧客と各仕入先とについて一片の紙を記録します。自然なこととして，パッツィは十字架のしるしで始めます。アラビア数字やインド数字が一般的に使用される時代がまだ到来していなかったのでパッツィはローマ数字を使います。加算と減算とのためにアバカスが使われます。アバカスはローマ数字（と指）に完全に合致する5と10の倍数を使って機能します。

　これまでのところ，ヘンリー国王が300フロリンの羊毛を1月5日に送ってきた，シグノル・バルディが21フロリンの価値の衣類を1月10日に，別途12ソロリンの価値のものを2

月３日にそれぞれ買った，と想像しましょう。手元の現金に
変動はありませんでした。その記録は以下の通りとなります。

ヘンリー国王		バルディ	
彼は信用を 与えている		彼は 負っている	
v Jan. CCC	x Jan.	XXI	
	iii Feb.	XII	

　もちろん，パッツィは中世のトスカーナ人として記帳して
いますので，「彼は負っている」の代わりにパッツィは「借
方」と記帳し，「彼は信用を与えている」についてはパッ
ツィは「貸方」と記帳します。バルディは債務者（債務者で
あるとはすなわち，彼はパッツィに支払わなくてはならない
のです）でありヘンリー国王は債権者だからです（彼はパッ
ツィが後で支払うのだと信用しています）。

ヘンリー国王	バルディ
貸方	借方
CCC	XXI
	XII

　あなたはなぜ（バルディについてそうであるように）借方

が勘定の左側であり貸方が右側なのか不思議に思うかもしれ
ませんね。いくつかの「左」の悪い側面をボックス３で見る
ことができます。

ボックス３

- ラテン語の単語では「シニステル」です。フランス語の単語では「ゴーシュ」です。どちらも英語では否定的な含意を持ちます。
- 磔刑に際して悪い盗人はキリストの左にいました。
- 私たち皆が申し開きをするべく呼び出される最後の審判では羊（善人）はキリストの右に登りそして悪人（山羊）は左に下ります（システィーナ礼拝堂におけるミケランジェロの「最後の審判」で見られる通り）。
- 最後の晩餐でユダはキリストの左にいました（ユダはキリストの左にいるだけではなく食卓の反対側に位置している図３を参照）。

　それでは誰の残高を私たちは左側に置くべきでしょうか？
私たちにまだ支払っていない哀れな顧客のものでしょうか？
それとも私たちが後で支払えばよいとして信頼してくれた親
切な仕入れ先のものでしょうか？　こう考えれば，債務者の
残高が左側に記帳されます。

　パッツィは決してどの数値についても線を引いて消しませ
ん。線を引いて消すことは混乱と詐欺の疑惑とを招いたこと
でしょう。まだマイナス記号は存在しないので，パッツィは
決してマイナス記号を使いません。バルディがパッツィに
（もしかすると50フロリン）支払う時，その金額はバルディ
勘定の右側に記帳されます。これはバルディが支払ったので
バルディの貸方に記帳するということです。パッツィが国王
に（もしかすると120フロリン）支払う時，その金額は国王

図3 アンドレア・デル・カスターニョによる「最後の晩餐」

勘定の左側に記帳されます。どの瞬間においてもパッツィは各利害関係者との債権・債務がいくらあるかを挙げるために各勘定の残高を算定できます。つまり，現金の授受を含めて正確に表現しますと，その結果は，

ヘンリー国王		バルディ	
借方	貸方	借方	貸方
CXX	CCC	XXI XII	L

単式から複式へ

　初期の会計システムは各取引を一回記録するものであった，とあなたは知ることになるでしょう。その上，借方は貸方と一致しません。一致してしかるべき理由はありません。しかし13世紀中に，企業はボックス4に見られるようにより複雑になりました。

ボックス4
- 必ずしも家族のメンバーというわけではない共同所有者（パートナー）と従業員が登場しました。これは正直でなくなる可能性を増大させ，そのことはより完全な記録が有用なことを意味しました。
- パートナーの登場は利益計算が必要になったということを意味し，そうすることで利益は分配可能になりました。
- 企業のいくつかの支店が遠くに設けられました（ヴェネツィアやローマやパリやブルージュやロンドンにすら）。このことは記録の必要性を増大させました。複数の貨幣がありそして時々商品や手形は支店の間を何週間もかけて輸送されました。

> - 現金と棚卸資産は今や巨大でした。特定の従業員がそれら
>   を管理しました。どれだけ多くの現金と棚卸資産がそこに
>   **あるべきか**についての記録を有することが重要となり，そ
>   うすることでその記録とどれだけ多く現実にあるのかを比
>   較できるようになりました。出納係と棚卸資産の担当者は
>   企業の債務者とみなされました。例えば，企業によって現
>   金が受領された際には，出納係はそれを受け取ってそして
>   それについて企業に「負い」ます。

　今日いくつかの取引は複式として容易に見られます。例え
ば，もし顧客が彼の勘定を決済するためにいくらかのお金を
企業に支払うならば，以下の通り私たちは記録します。借方
は現金。貸方は顧客。あるいは，もし銀行が企業にいくらか
のお金を貸し付けるならば，以下の通り私たちは記録します。
借方は現金。貸方は銀行。

　いくつかの初歩的な複式での記帳を今実施することは有用
でしょう。会社の最初期の取引は以下の通りであると想像し
ましょう。所有者が会社に現金40を出資しました。すると2
つのことが起こったことになります。

1　その企業には現金40の増額が起こります。
2　その所有者のその会社への所有者持分が40増額します。

　図4の一番上の部分はこの取引の後の貸借対照表を示して
います。

　今度は，営業活動を開始するためにその会社がより多くの
お金を必要とし，よって銀行から60の借入をすると想像しま
しょう。今，その会社には現金100と負債60とがあります。
図4の一番下の部分にある通り，貸借対照表（Ⅱ）はその結
果を示しています。

図4　開　　　業

貸借対照表（Ⅰ）

現	金	+40	所 有 者	+40

貸借対照表（Ⅱ）

現	金	+40	所 有 者	+40
		+60	負 　 債	+60

　13世紀のどこかの時点で，**全て**の取引には２つの側面があると見ることができるということが明らかとなりました。一方でこれは，給与や賃金などのより抽象的なものの勘定の発明を招きました。全体としては，今や勘定は３種類に分けることができます。

(ⅰ)　債務者や債権者に関わる個人勘定。
(ⅱ)　土地や建物のようなものに関わる実物勘定。すると現金で建物を買うと，借方は建物，貸方は現金，として記帳できます。
(ⅲ)　給与や賃金に関わる名目勘定。現金で賃金を支払うと，借方賃金，貸方現金，として記帳されます。

　秩序だって経理係的な精神は，借方の総計は貸方の総計と一致するという驚くべき結果に惹きつけられることでしょう。貸借対照表は個人勘定と実物勘定との残高を表示します。それは所有者と債権者とによって所有されている現金，土地，債務者，棚卸資産，（資産の部）そしてそうした資産への請求権です。名目勘定全体を見ますと，貸方が借方を超過した金額が利益です。利益は所有者に帰属します。利益が所有者の持分に加算されると，貸借対照表は貸借一致します。これ

は数独やクロスワードを終えるのと似ていますがそれを超え
たとても満足のいく結果です。より詳細な数値例は第3章で
解説します。

複式記入の伝播

　複式記入は高品質な記録をするために訓練を必要とします。
それは利益の計算と企業の財政状態の表示とを可能にします。
複式記入は満足感が得られる貸借が一致する結果を提供しま
す。そして，貸借一致しないということは誤りがあったとい
うことを意味します。これはビジネス・パーソンに対して記
録における誤りを警告します。

　これらの利点は複式簿記の伝播を招きました。まずはイタ
リアの商人の間でのことです。最古の現存する記録はプロ
ヴァンス（1299）とロンドン（1305-8）とで営業活動をし
ていたこうした商人と関係します。複式記入は非商業活動に
伝播しました。ジェノヴァ市庁舎は複式記入を1340年代まで
には導入していました。複式簿記には様々なバージョンがあ
り，有名なものとしてはトスカーナのものとヴェネツィアの
ものでした。後者は先述のボックスで見られるように相対的
に明確な2つの側に分かれての表示をしていました。

　しかし全世界に向かっては，その手法は幾分ゆっくりと伝
播しました。例えば，ブリストルの市庁舎は全面複式記入シ
ステムを1785年まで採用しませんでした。ブリストルはイギ
リスにおいてジェノヴァによく似た都市です。それらは両方
とも重要な貿易港だったのです。船は2都市の間を往来して

いましたが，ジェノヴァ市庁舎からブリストル市庁舎まで複式記入を運ぶのに4世紀半の時間を要したのです。明らかにブリストルは複式記入を知っていましたが，単に複式記入を不要だと考えたのです。最終的にイギリス議会が複式簿記を好むと付随的にタリー・スティックを放棄しました。ターナーが絵画で記録しているように，1834年に古いタリー・スティックが燃やされた際に，その炎が制御不能となり議事堂を焼き払いました。

商業活動においてすら，複式記入はヨーロッパにゆっくりと伝播し，そしてそれから数世紀をかけてアメリカと日本などに伝播しました。その伝播を助けたものの一つは教科書でした。最古の現存する教科書はフランシスコ会の修道士であり数学教授であったルカ・パチオリによる数学のあらゆるものについての大作の一節です。この書籍は『算術・幾何・比及び比例全書』であり，1494年にヴェネツィアで発行されました。この書籍はラテン語ではなくイタリア語で書かれていたので，この書籍は商人にとってより容易に理解されました。そしてこの書籍は活版印刷されたものでした。その複式記入の節はフラマン語とフランス語と英語で，後世の著作の基礎となりました。

パチオリの肖像画は図5に示されています。それは大量に複写されました。例えば，それはオーストラリア最古の学術的会計学論文集である*Abacus*の表紙となっています。そしてそれはいくつかの専門職向けの会計の出版物で使われました。パチオリは「複式簿記の父」と呼ばれましたが，彼の重要な著作の200年前に考案されたことからすれば，これは幾

分か誤解を招きます。

図5　ジャコポ・デ・バルバリによる「ルカ・パチオリ」

開示と会計責任

　産業革命とネルソンとウェリントンの勝利との後，イギリスは商業的にそして軍事的に「筆頭国」となりました。株式会社の創業を容易にする1844年の立法は，多くの大規模会社の大衆による所有を招きました。会社の取締役による潜在的な不正行為から株主と債権者とを保護するために会計情報の開示が要求されました。

　そうであっても，いくつかの会社の失敗は多額の損失に関するものであり，例えば1878年のシティ・オブ・グラスゴー

銀行のものがあります。これが，まずは銀行に対してそれから1900年以降は全ての会社に対して，外部の専門家による監査を要求することにつながりました。イギリスは広く開示される監査済み財務諸表を発明していました。20世紀を通して，会社法はさらなる会計規制を徐々に導入しました。これらはやがてEUによる調和化の試みを含みました。

アメリカの台頭

大英帝国が潮流を支配していた時代に，アメリカの会社はそのルールを回避していました。実際，1929年にウォール街の株価大暴落がアメリカの商業を襲った際，最大規模の上場企業に対してすら，開示や監査についての何らかの要求はほとんどありませんでした。その大惨事への反応の一つは1934年の証券取引委員会（SEC）の創設でした。SECは世界で最も強固で最古の株式市場の規制当局です。アメリカの監査のプロフェッションはそれから彼ら自身の報告と監査とのルールを書き始めました。それらはやがて「基準」と呼ばれるようになりました。この呼称は明らかに，かなり後である1969年に始まったイギリスの手続で使われた用語に準拠したものです。

1973年，アメリカのプロフェッションは財務報告の基準設定を新しい独立団体である財務会計基準審議会（FASB）に任せるようになりました。現在，SECはFASBの基準をSECが要求するルールの一部として受け入れており，「一般に認められた会計原則」（US GAAP）と呼ばれています。

上場企業の数とそれらの時価総額に関して圧倒的に世界最大の株式市場をニューヨークは有しています。株式と負債証券（つまり社債。社債によって会社は保有者への償還を約束します。）について何千もの会社と何百万人もの投資家がいます。1970年代までには徐々に財務報告の新しくて明確な目的が特定されました。それは，会社のキャッシュ・フローを予測することにより経済的意思決定を投資家が形成することを助ける有用な情報を投資家に提供するというものです。

　よって20世紀の間，アメリカは株式市場の規制当局や民間の基準設定主体，そして財務報告に関する利用者の意思決定に貢献したのです。また，何らかの特定の種類の取引についての明文のルールについてFASBは多くの場合に世界の他の基準設定主体を上回ります。

会計実務が国際的となる

　既に説明したよう，多くの国々が会計の発展に貢献してきました。しかしこのことは財務報告が世界中で必ずしも同じ方法によって実施されていることを意味してはいません。1970年代までは，同じ方法で実施する必要はなかったようです。しかし，通常は，商業の発展は会計の発展を招きました。

　1970年代以降，「グローバリゼーション」が加速しました。数十年間，イギリスの企業集団はアメリカの子会社を所有していましたが，現在となってはイギリスの銀行はアメリカの会社に貸付を始めており，またイギリスの年金基金は米国株を買い始めています。もちろん往来は双方向であり，そして

その往来には現在では日本とドイツとフランスと多くの他の国々が参画しています。

　財務報告の主な目的は投資家（例えば株主や銀行家）が会社間で比較できるようにすることです。しかし，もし財務報告の実務が国際的に見て異なっているとすれば，比較することを妨げてしまいます。第4章では差異の例を示します。1970年代までには，政府と会計士とは財務報告の国際的「調和化」に関心を持つようになっていました。共通市場（現在の欧州連合）において，調和化を達成するために法律を変えるべく提案がなされました。このことは，特にフランスあるいはドイツの政府に対してのことですが，会計の支配を失いたくなかったイギリスの会計士への警告となりました。そこでイギリスが共通市場に加盟した1973年に，イギリスの会計士団体（第1章の表2を参照）が国際会計基準委員会（IASC）の発足を主導しました。9カ国の会計士団体がIASCを発足させたのです。

　それから20年間は，僅かな会社しか準拠しない国際会計基準をIASCは制定していました。そして1994年から，いくつかの大規模なドイツの会社が国際基準を使い始めました。IASCの発足の背後に政治的発展があったのと同じように，この背後には政治的発展がありました。1990年にドイツが再統一された際に，大規模なドイツの会社の多くは国際的な拡大とニューヨークとロンドンでの資金調達とを招きました。そしてドイツの大規模な会社のほとんどが2000年までには国際基準を適用していました。このことはEUが上場会社について国際基準を2005年以降採用する前触れでした。EUは欧

州株式市場を統合しかつ加速させるために共通の基準を求めていました。EUは法律を変えるという手法を試していましたが，ルールの内容についての政治的妥協が原因でこれはゆっくりでありかつ有効性に欠けていました。

　2001年に，IASCは民間の信託である国際会計基準審議会（IASB）に改組されました。IASBにはFASBを模範として改組されたのです。IASBの基準（国際財務報告基準（IFRS））は現在，EUとオーストラリアとブラジルとカナダとを含む90カ国程度で上場会社の財務報告に要求されています[1]。いくつかの国々（例えば日本とスイス）では，IFRSは任意適用です。既に他の国々（例えば中国）では国内基準が現在IFRSに接近しています。しかしアメリカの会社については，IFRSは禁止されています。より詳細なUS GAAPがアメリカにおいてはより適切である，とアメリカの規制当局（SEC）は信じています。アメリカでは会計に関する訴訟が他のどの国よりもかなり高い頻度で発生しているのです。非常に多くの上場会社が採用するIFRSとUS GAAPは，明らかに異なる組み合わせとして必要とされ，今後も残っていくでしょう。

1　2021年現在，IFRS採用国数は120カ国以上へと増加しています。

第3章

財務会計の基礎

　前の２つの章では，会計の役割と種類そして数千年間にわたる会計の発展を見てきました。この章は，会計の実際の作用のあり方と複式記録システムの背後にある論理と基本財務諸表（貸借対照表と損益計算書とキャッシュ・フロー計算書）の内容といった，財務会計の基本的な発想を探ります。この章の目的は，読者の皆さんが会計を活用できるようになることを目的とした会計へのよい理解ができるようにすることです。とりわけ次の疑問に答えます。何を貸借対照表は示そうとしているのでしょうか？　なぜ貸借対照表は貸借一致するのでしょうか？　１つの何らかの取引には２つの会計上の効果がある，ということはどういったことでしょうか？　どの原価が資産となり，どの原価が費用となるのでしょうか？　黒字の会社が現金の不足が原因で破産するという事態はどのように起こりうるのでしょうか？

貸借対照表

　貸借対照表は，ある主体の特定の日付における状態を示すように設計された書類です。国際財務報告基準（IFRS）における貸借対照表の公式名称は「財政状態計算書」です。貸借対照表はある主体の全ての取引に関する長くて複雑な記録とそれをさらに分析したプロセスの集積物です。もし貸借対照表が貸借一致しないならば，作成プロセスにおいて誤りがあったということです。そして誤りは見つけ出されなくてはならなくなります。

　一般的には，貸借対照表について，多くの巨大な数値を含み，同じ数値がマジックのように二度も登場することで，それは，会計実務の複雑な性質とそれに関係する会計士と監査人の技術的能力と信頼性の両方の証としてみなされています。とはいえ，最も単純化するとすれば，貸借対照表は2つの一覧からなります。1つ目は主体の支配下にある**資源**であり，**資産**の一覧です。「資産」という単語はノルマン系フランス語のassetz（十分な）が仲介したラテン語のad satisに由来し，そのような項目は負債を賄うために使われうる，という意味です。「資産」の現代の定義の一つは国際会計基準審議会（IASB）によって使われているものです。

> 資産とは過去の事象の結果として主体によって支配されている資源でありその資源によって将来の経済的便益その主体に流入すると期待されます。

　上記の定義は「支配する」と言っているのであって「所有する」と言っていないことに留意してください。これは英語

圏の会計士による意識的な決定でした。例えば，アメリカン航空やブリティッシュ航空は彼らの飛行機の多くについては所有していません。税務や他の理由から，彼らは金融機関から飛行機のリースを受けています。しかし，航空会社は飛行機の経済的耐用年数の大部分について飛行機の利用権を支配しています。会計士はそれら飛行機を所有する金融機関の資産ではなく，航空会社の資産として扱います。

　過去の事象への言及が資産についての上記の定義に含まれていますから，会計士は資産を特定することができるのです。この言及は会計士が資産の貨幣価値を決定することを助けもします。定義の最後の部分（期待される便益）は資産の要点です。便益なくして資産なし，です。

表3　貸借対照表の内容

1つ目の一覧	2つ目の一覧
資　　産	請　求　権

　貸借対照表の項目の2つ目の一覧は，資産がどこからやってきたかを示します。言い換えれば，主体がその**資源**の現在のストックを獲得した元である**調達源泉**の金額です。そうした源泉は何らかの方法で償還か見返りを要求することになりますから，この2つ目の一覧は主体の資源に対する他者の**請求権**の一覧としてもみなされうるということになります。これらの用語は表3の通り要約できます。どちらの一覧も同じ時点における同じ企業に関係していますから，各一覧の合計は等しく貸借対照表は貸借一致しなくてはなりません。貸借対照表は貸借一致しなくてはならないように定義され構築さ

れています。それは同じ状況を2つの側面から見たことを反映しています。

期首における開始

　新しく企業を創業したとき，主体がないので貸借対照表がないというのが最初の状態です。新しい企業は誰かに所有されなければならなくなります。この外部の個人またはほかの団体は，しばしば**自己資本**と呼ばれる所有者の資本としていくらかの現金（資源）をその主体に払い込むことになります。これはその主体が現在所有する現金の調達源泉です。営業活動を始めるために100,000ユーロの資本が払い込まれていると想像してください。これは表4に示されている貸借対照表を導きます。この現金は言い換えれば調達源泉である資産であり，通常企業が清算されない限り，その所有者に払戻しをする法的義務はないとはいえ，自己資本は所有者による企業への請求権であることを意識してください。

表4　新しい主体の貸借対照表

資源（ユーロ）		請求権（ユーロ）	
現　　金	100,000	持　　分	100,000

> **要　　点**
> 　所有者からの主体の区別は，所有者の貢献を請求権あるいは調達源泉として表示することで反映されています。この区別なしには，所有者の状態と企業の状態とは絡み合うことになり，企業が成功しているかどうかは結果として不明瞭になります。

主体が以下の１に引き続き２以降の取引に進んで小売店を運営すると想像してください。

1　最初の払込資本100,000ユーロ

2　銀行から60,000ユーロを借りる

3　50,000ユーロで不動産を買う

4　45,000ユーロの原価の棚卸資産（再販される商品）を買い現金で支払う

5　３分の１の量の棚卸資産を35,000ユーロの掛（つまり後で支払うという顧客の約束）で売る

6　現金で当該期間の給与4,000ユーロを支払う

7　顧客から債権を16,000ユーロの現金で回収する

8　原価25,000ユーロの棚卸資産を掛（つまり主体は後に支払いをする）で買う

　60,000ユーロの現金という新たな資源と引き換えに，取引２は銀行からの借入金という形で60,000ユーロの新たな請求権を作り出します。外部者に（所有者にではなく）支払われなくてはならない金額は「負債（liabilities）」と呼ばれます。この単語は，法律によって拘束されたあるいは縛られたあるいは義務付けられたという意味の「責任がある（liable）」に由来します。IASBは負債を以下の通り定義しています。

　　過去の事象から生じた主体の現在の義務であり，その義務の決済は経済的便益を具体化している資源の主体からの流出を結果すると予想されます。

　この定義は，負債を資産のマイナスのバージョンとして描写しています。所有者に払い戻されることが想定されない所有者の請求権は，負債ではなく持分（あるいは様々な類似の

表現）と呼ばれます。

表5に示される通り，8つの取引は全てこの手法で分析することができます。例えば取引1から4はそれぞれ，（同一の規模での）資源と請求権との変化に関わります。

各取引の後で新しい貸借対照表の作成が可能となるでしょう。取引2の後で，貸借対照表は表6の通りの見た目となります。多くの国々（例えばヨーロッパ連合内の国々）では貸借対照表上の項目の順番は，伝統的により長期に及ぶ項目を先に表示します。対照的に，北米とオーストラリアと日本とでは，貸借対照表は現金から始まります。

取引3は，企業を営業するための不動産である長期的な資産を買うための現金の一部の使用に関わります。1つの資源（現金の一部）は他の資源（不動産）に変わりますので，資源の合計と請求権の合計とはそれらがそうであったのと同額のままであり，依然として貸借一致しています（表7を参照）。

ここで前述の一覧の取引4に移ります。そして次のことを考えてみましょう。この取引からどの新しい資源あるいは請求権が計上されるのでしょうか？　取引4は取引3のようにいかなる新しいか追加的な資源にも関わっておらず，それらの中での**変化**に関わっているのみです。以前は現金の蓄積の一部であった45,000ユーロは今や異なる資源あるいは資産である棚卸資産に変化したのです。そのため，資源の合計と請求権の合計とは安定して160,000ユーロにとどまります（表8を参照）。

表5 取引の分析（単位1,000ユーロ）

取　　引	資　　源			請　求　権	
	現金	売掛金	他の資産	外部者: 負債	所有者: 資産と損益
1　元々の資本	+100				+100
2　借入	+60			+60	
3　不動産を買う	-50		+50		
4　現金で棚卸資産を買う	-45		+45		
5　いくつかの棚卸資産を 　　売る		+35	-15		+20（つま り35-15）
6　給与を支払う	-4				-4
7　顧客が支払う	+18	-18			
8　信用で棚卸資産を買う			+25	+25	
合計	+79	+17	+105	+85	+116

表6 借入後の貸借対照表

資源（ユーロ）		請求権（ユーロ）	
現　　金	160,000	持　　　分	100,000
		借　入　金	60,000
合　　計	160,000	合　　計	160,000

表7 不動産を買った後の貸借対照表

資源（ユーロ）		請求権（ユーロ）	
不　動　産	50,000	持　　　分	100,000
現　　金	110,000	借　入　金	60,000
合　　計	160,000	合　　計	160,000

表8　棚卸資産を買った後の貸借対照表

資源（ユーロ）		請求権（ユーロ）	
不　動　産	50,000	持　　　分	100,000
棚 卸 資 産	45,000	借　入　金	60,000
現　　　金	65,000		
合　　　計	160,000	合　　　計	160,000

　取引５はむしろより複雑です。いくつかの簡単な側面があります。１番目に，まず棚卸資産の３分の１は売られ，そしてそれによって棚卸資産の数値は45,000ユーロから30,000ユーロに減らされなくてはなりません。２番目に，顧客はその主体に35,000ユーロを支払うことに同意したということで，まだ現金は支払われていませんが，受け取る**権利**を，持っているということになります。これは企業の新しい資源であり新しい資産です。その企業は新しい何らかのもの，すなわちこの現金を受け取ることのできる価値があり有用な権利，を持っています。その35,000ユーロは売掛金を表します（一方で債務者は支払義務がある顧客であり，取引を通して新たな資産を受け取る権利を持ちます）。取引５に関する結論は，１つの資源は15,000ユーロ減額されそして新しい資源が35,000ユーロ現れたというものです。これは資源の合計が20,000ユーロ増額したことを意味します。しかし請求権なしに資源を持つことはできません。20,000ユーロの資源のこの増額の源泉は何でしょうか？

　直観的に見て，何が起こったかは明白でしょう。その企業は元を正せば，支払った金額よりも高い金額で何かを売りま

した。その営業活動を通して，15,000ユーロ（つまり棚卸資産の数量の3分の1についての原価）として記録された資産を35,000ユーロの資産（つまり売掛金）に変えたのです。すなわち，利益を生み出したのです。数値的には，貸借対照表の貸借を一致させるために，20,000ユーロの利益を貸借対照表の反対側に請求権として記載することが必要です（表9を参照）。このことは論理的な側面でも数値的な側面でも意味を持つのでしょうか？

　表3の「2番目のリスト」を見直してください。その答えは「イエス」です。新しい「資産」は企業の利益を生み出す取引によって生じました。この生み出された利益は究極的にはその企業の所有者の利益ですから，所有者に属していると言うことができます。すなわち，利益は所有者による企業への新しい請求権とみなすことができます。最も簡便な利益については，利益を資産の増額として数値的に測定することができます。顧客から現金をまだ受け取っていないので，表8を9へと変化させる取引にみられる利益の変動は現金の金額の変動を伴いません。

表9　いくつかの棚卸資産の売却後の貸借対照表

資源（ユーロ）		請求権（ユーロ）	
不　動　産	50,000	持　　　分	100,000
棚 卸 資 産	30,000	損　　　益	20,000
売　掛　金	35,000	借　入　金	60,000
現　　　金	65,000		
合　　　計	180,000	合　　　計	180,000

ここまで読めば，各取引が財政状態に少なくとも２つの効果を与えるということは明らかでしょう。表５における分析からもこれはまた明らかになります。そこでは取引５（いくつかの棚卸資産を売る）がどのように記録されたかを意識しましょう。

　取引６（給与の支払）に移動しますと，新しい事象を組み込むために貸借対照表に２つの数値的変更が必要となります。１つ目として，その主体が資産として支配する現金の金額が4,000ユーロ下がります。この金額は物理的に支払われたので，残された現金の金額は今までよりも4,000ユーロ少ないものでなくてはなりません。この4,000ユーロは何らかの他の資源あるいは資産に変化したのでしょうか？　その答えは「ノー」のようです。給与は過去に関係するものです。すなわち，それらは報酬であり，その主体が**既に使い切った**労働時間や労働への対価を表します。

　事業年度内に提供済みでかつ利潤を獲得するプロセスの一環として，その企業によって既に完全に消費されたサービスを給与は反映します。そのサービスを私たちは以前に20,000ユーロで記録していました。この営業年度の営業活動を通して生み出された全ての利益または利得を計算するにあたって

給与を考慮に入れる必要があります。よって，利益獲得のためになされた営業活動からの利益の公正な測定値を示すために，20,000ユーロという利益の数値から4,000ユーロを差し引く必要があります（表10を参照）。給与は資産の減少（現金の減少）と所有者の請求権の減少の認識（利益の減少）とに関係します。利益の測定値についてのこの減少はまた**費用**と呼ぶことができます。

表10　給与の支払後の貸借対照表

資源（ユーロ）		請求権（ユーロ）	
不　動　産	50,000	持　　　分	100,000
棚　卸　資　産	30,000	損　　　益	16,000
売　掛　金	35,000	借　入　金	60,000
現　　　金	61,000		
合　　　計	176,000	合　　　計	176,000

　取引7（顧客は18,000ユーロを支払います）は分かりやすいでしょう。当初の状態は，35,000ユーロの売掛金があったというものです。売掛金はその企業に対して誰かが負っている金額たる資産です。この資金の内いくらかが，今その企業によって受け取られました。これは私たちに2つのことを教えてくれます。1つ目は，現金が18,000ユーロ増えたということです。2つ目は，18,000ユーロは既にその企業によって受け取られたので，その企業に払われるべき18,000ユーロはないということです。よって売掛金は18,000ユーロ減額される必要があります（表11を参照）。要約すると，私たちは資産である「現金」の増額と資産である「売掛金」の減額とを

経験し，それらはどちらも同じ金額です。資産あるいは資源の合計は同じままなので，請求権あるいは調達源泉の合計もまた同じままです。

表11　顧客からの回収後の貸借対照表

資源（ユーロ）		請求権（ユーロ）	
不　動　産	50,000	持　　　　分	100,000
棚 卸 資 産	30,000	損　　　　益	16,000
売　掛　金	17,000	借　入　金	60,000
現　　　　金	79,000		
合　　　計	176,000	合　　　計	176,000

表12　さらなる購入後の貸借対照表

資源（ユーロ）		請求権（ユーロ）	
不　動　産	50,000	持　　　　分	100,000
棚 卸 資 産	55,000	損　　　　益	16,000
売　掛　金	19,000	借　入　金	60,000
現　　　　金	77,000	買　掛　金	5,000
合　　　計	201,000	合　　　計	201,000

　取引のリストを見直すと，取引8の詳細を見つけることができます。この最後の取引において，その企業は棚卸資産をさらに25,000ユーロ買い，そしてそのために貸借対照表上の棚卸資産（資源あるいは資産）の数値は25,000ユーロ増額します。この取引についてはまだ支払が完了していないので何らかの他の資源についてこれに対応する現象は生じません。よって資源の合計は25,000ユーロ増額します。もちろん，そ

の企業は新しい棚卸資産について供給元に代金を支払う義務を負っていることになるのです。新しい請求権は買掛金として知られています（あるいは債権者）。これは表12に示されます。

表12において持分は116,000ユーロ（最初の2つの項目の合計。当初の資本＋利益）であり、一方で第三者に対する負債は85,000ユーロ（最後の2つの項目の合計）です。表12の貸借対照表の右側は、2種類の請求権を示すために表13のように書き直すことができます。これが表5における請求権の合計とどのように合致するか意識してください。

損益計算書

何らかの取引や事象、調整は新しくそして更新された貸借対照表を作成するべく記録されうる、ということが示されました。各取引の後で際限のない一連の貸借対照表を作成し、同じ方法でこのプロセスを永遠に続けることは可能でしょう。しかしながらこれはあまり現実的ではないでしょう。別の選択肢となりますが、月次か半年毎か年次で貸借対照表を見ることを会計情報の利用者は望むかもしれません。また、その企業の営業活動の結果を凝縮した情報を彼らは要求するかもしれません。この情報を提供するために、特定の期間の経営成績（あるいは成功した営業活動）の計算の一部であるそれらの項目を集計してそして要約する必要があります。

表13　請求権の２つの種類を示す貸借対照表の請求権の側

持　　　　分		
元　　　本	100,000	
損　　　益	16,000	
		116,000
負　　　債		
借　入　金	60,000	
買　掛　金	25,000	
		85,000
合　　　計		201,000

　前述の例（棚卸資産の販売）における利益を導いた取引は，資産の増額として表示されました。利益の減少を導いた取引（給与）は，資産の減少として表示されました。利益の計算は，これらの有利な要素と不利な要素とによって構成されます。その企業が販売をするとき，売上高は**狭義の収益**と呼ばれる利益計算の有利な構成要素です。ただし，より一般的な単語であり他の有利な要素に当てはまるのは**収益**です。一方で，営業活動は企業の資源のいくらかの消費である費用に関わります。費用は不利な要素です。既に詳細に検討した例においては，そうした費用項目が２つあります。１番目に，棚卸資産という資源は使われ，よって使われた棚卸資産の元々の原価は利益計算の不利な要素に含まれました。２番目に，現金という資源のいくらかは企業の営業活動で生じていた給与を支払うために使われました。その２つの不利な要素（マイナス15とマイナス４）は表５の「所有者」欄に見受けられます。

損益計算書（時々，profit and loss account と呼ばれます）
は期間内の収益と費用とのフローを報告し，一方で貸借対照
表は作成日における財政状態（つまり資源と請求権とのス
トック）を報告します。図6はこれをグラフで表しています。
その特定の瞬間における財政状態を表示すべく貸借対照表は
時々（少なくとも年次）作成されます。例えば，図6におい
て，貸借対照表は20X1年12月31日に作成されており，そし
て20X2年12月31日に再び作成されています。20X2年の間，
所有者が資本の払込も引き出しもしなかったと仮定すれば，
貸借対照表の変動はその会社の営業活動によって説明がつき
ます。全体として，収益の費用への超過があるならば20X2
年にその会社の資産は増えたことになります。負債を差し引
いた資産の残高は純資産と呼ばれます。利益は20X2年にお
ける純資産の増額の規模（そして原因）としてもまた見るこ
とができます。

図6　貸借対照表は対象のストックを報告し，
損益計算書はフローを報告します

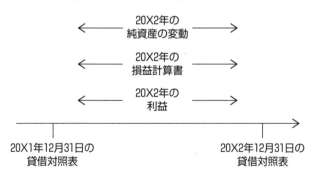

　貸借対照表との関係での損益計算書の論理は，私たちが既

に使った取引を再加工することと取引の他の側面から費用と
収益とを分離することとで探ることができます。表14は，右
側から利益を取り除いたうえでより詳細に下に示すという再
加工をして以前の表12を表すものです。

　表14の下半分は16,000ユーロの利益を導いた詳細を表して
います。それは収益（2件の販売）と費用（給与と棚卸資産
の使い切り）とを示します。これには，利益計算の全ての有
利な要素（収益）と利益計算の全ての不利な要素（費用）と
を含んでいます。表14から下半分を抽出し損益計算書として
これを表示することが可能です。損益計算書とはその期間の
営業活動の結果についての詳細な計算書です。全体として，
収益は35,000ユーロであり費用は19,000ユーロです。利益は
その2つの差額であり，つまり16,000ユーロです。

表14　より詳細に損益を示す

資　　　源		請　求　権	
資　　　産		持分と負債	
不　動　産	50,000	持　　　分	100,000
棚 卸 資 産	55,000	借　入　金	60,000
売　掛　金	19,000	買　掛　金	25,000
現　　　金	77,000		
	201,000		185,000
費　　　用		収　　　益	
売 上 原 価	15,000	売　上　高	35,000
給　　　与	4,000		
	19,000		
			220,000

損益計算書（表14の下半分の全体）はもちろん貸借対照表であるその表の上半分の請求権の側にある16,000ユーロ（つまり「35,000ユーロ」－「19,000ユーロ」）での単独の利益の数値で置き換えることができます。表14の収益と費用との部分を貸借対照表における単独の利益数値で置き換えれば表12が導かれます。既に示されたようにこの利益は，その企業への新しい所有者請求権を表します。

貸借対照表等式

各期首（例えば時点0）において，資産はそれらへの請求権（つまり持分と負債）と等しくなくてはなりません。

資産$_0$＝持分$_0$＋負債$_0$

そして会計期間1において，その企業の費用よりもその企業の収益が大きいのでその企業は利益を生みますから持分は上昇します。よって，持分は増額するのです。

持分$_1$－持分$_0$＝収益$_{0\to1}$－費用$_{0\to1}$

利益は，純資産の増加によって導かれ認識されます。これは例えば棚卸資産が元々かかった原価よりも高い値段で売られた際に発生します。その会計期間に株主資本による現金の払込，あるいは引き出しはなかったとすれば，期末1は以下のようになります。

資産$_1$＝持分$_1$＋負債$_1$

表14は以下の通り表現することができます。

資産$_1$＋費用$_{0\to1}$＝持分$_0$＋収益$_{0\to1}$＋負債$_1$

これは借方合計は貸方合計に等しいことの，もう一つの表

現方法です。

　もし貸借対照表が再度デザインされるならば，貸借対照表は以下の通りとなります。

　　　資産－負債＝持分＝純資産

　ある時点（例えば時点１）における所有者の請求権はその主体の純資産に等しいということです。このモデルにおいて，資本に影響しうるものであり時間の経過に沿った資本の変化の原因となりうるものは２つの要因しかありません。これらの１番目はその主体が利益を生むことです。そして，２番目は，所有者がその企業から現金を受け取るという形でいくらかの利益（あるいはもちろんその企業で損失が生じることもありえます）を引き出すか資本への追加の投資をするということです。

実務において
- 会計システムの自動で貸借一致するという性質はいくつかのタイプの誤謬を非常に効率的に見つけ出します。
- 貸借対照表等式は企業の会計を実施するコンピュータ・システムにおいて必要とされます。

　財務諸表の５つの要素の厳密な定義に関して，この全てからのさらなる含意がもう一つあります。持分は資産と負債との差額に等しいので，「持分」という用語には独立した定義は必要ありません。しかし，これから説明しますが，他の４つの要素の定義については実務的な問題があります。下記の通り，原則としてさほど難しさはないはずです。

　(a)　資産＝期末において残りの将来の便益を有する資源
　(b)　費用＝その会計期間に使い終わった資源

言い換えると，図7の通り，一部の原価は資産となり一部の原価は費用となります。

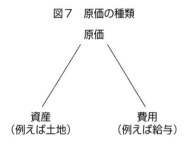

図7　原価の種類

原価

資産
（例えば土地）

費用
（例えば給与）

　資産と費用との両方を測定しなくてはならないのであれば時間がかかってしまいます。どちらのカテゴリーに原価を割り振るべきかについて迷いが生じますから判断が要求されます。例えば，もし現金が研究あるいは広告に費やされるならば，そのことで資産と費用とのどちらが生じることになるでしょうか？　結論としては実務では，ボックス5の通りの2つの解決方法が考えられます。

> **ボックス5**
> 1　費用＝その会計期間に使い終わった資源。よって資産＝残りの資源。
> 2　資産＝期末において経済的便益が残っている資源。よって費用＝残りの資源

　「費用」（そして「収益」）の定義に優先度を置く上記の解決方法1は，会計のやり方としては伝統的な方法でした。それは期中の取引に注目します。そして，資産（そしてそれらの価値の変動）を二次的に考慮するものと位置付けます。しかし1970年代以降，「資産」（そして「負債」）の定義に優先

度を置く解決方法2への移行が起こりました。原則として，現在でこの考え方が会計基準を制定する際のIASBのアプローチです。しかし，会計は現在では2つの混成物です。この大きな論点は多くの問題に影響します。そして第4章でさらに論じます。

キャッシュ・フローはどう位置付けられるのか

企業の営業活動を理解し将来を予測するために，その企業のキャッシュ・フローを調べることは，利益のフローを調べることと同様に有用です。これら2組のフローのセットは別物です。例えば表5の8つの取引については，最初の4つ（資本の払込の受け入れ，現金の借入，そして不動産と棚卸資産との購入）は現金のインフローとアウトフローとを伴いますが，利益のフローは伴いません。5番目の取引（顧客による後の支払と引き換えの棚卸資産の販売）は利益を伴いますが，直ちにはキャッシュ・フローはありません。

キャッシュ・フロー計算書は，会計期間について作成されます。それは期首から期末までの全ての現金の変動の説明として，期中に現金がどのように入ってきてそして出て行ったかを示します。キャッシュ・フローを含むようにした前出の図6の再掲は図8として示しました。

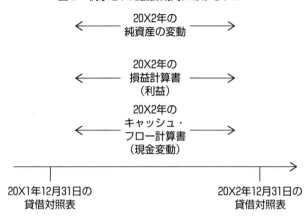

図8　例示された会計期間におけるフロー

20X2年の
純資産の変動
←　　　　　　　→

20X2年の
損益計算書
（利益）
←　　　　　　　→

20X2年の
キャッシュ・
フロー計算書
（現金変動）
←　　　　　　　→

20X1年12月31日の
貸借対照表

20X2年12月31日の
貸借対照表

　前出の例について，表5の「資源」欄はキャッシュ・フローに関わる全ての取引を示します。それらは表15の通りの3つの種類に要約できるかもしれません。営業，投資，そして財務です。

表15　表5におけるキャッシュ・フローの要約

	1000ユーロ
営業活動によるフロー（棚卸資産−45と給与−4と顧客＋16）	−33
投資活動によるフロー（不動産−50）	−50
財務活動によるフロー（所有者＋100と銀行＋60）	＋160
現金の変動（現金なしから始めて）	＋77

　現金の増額と利益とは同一のものではないと示しておくことは重要です。前述した通り，一部の取引は利益の変動なしに現金の変動に関わり，一部の取引は現金の変動なしに利益の変動に関わります。全体として，表12あるいは13から分か

るようにその企業は16,000ユーロの利益を生み出しました。そして表15を見ると同じ期中に現金は77,000ユーロ増えたということが分かります。これは所有者と銀行とから多額の現金を調達したことによって引き起こされました。損失を出すことなく現金を増額させるあるいは現金を減らさずして利益を生むことは，企業において確かにありうるのです。例えば多くの固定資産の購入がこれにあたります。

図9　現金と成功

- 現金の減少は例えば以下のように「良い」かもしれません。
  - ➤ 10年間の耐用年数であろう有用な機械を買うこと。
  - ➤ 高い支払利息を払わなくてはならない借入金の返済。
  - ➤ 研究・開発の実施。
- 現金の増額は例えば以下のように「悪い」かもしれません。
  - ➤ 営業活動に必要な建物の売却。
  - ➤ 高い金利での現金の借入。
  - ➤ もし迅速に顧客が支払をするならば顧客に大幅な割引を提供すること。
  - ➤ 仕入先への未払。

　図9は，現金が減っても「良い」という状況と，逆に増えたとしても「良くない」という状況を整理して示しています。すなわち，現金をいずれの理由で使用すること，純粋な現金の減少でさえも，それだけで上手くいっていないということにはならないのです。同様に現金が増えることも，必ずしも素晴らしいこととは言い切れないのです。

　もし会社が外部者をだますことを試みたいならば，その全ての資産を12月に売り1月にそれらを買い戻すかもしれません。短い期間（12月31日を含む）において，会社は大きな現金残高を表示することができるでしょう。これは「粉飾」と

呼ぶことができます。

　会計期間についての成果，経営成績あるいは利益を測定するためには，単なる現金の測定とは異なる方法が必要です。その方法とは既に示してきた通り，会計期間に関わる収益と費用とを比較することです。とはいえ，企業は長期的に利益を生み出すように設計されているものの，短期的には確実に現金がなくならないようにして生き残らなければ，利益を生むこともできなくなってしまうのです。現金の予算については，第8章で述べます。

第4章

上場会社の財務報告

　とりわけこの章では以下の疑問に焦点を当てます。資産とは厳密には何でしょうか？　なぜ従業員は資産ではないのでしょうか？　どのように（そしてなぜ）資産は貸借対照表でカテゴリー分けされるのでしょうか？　なぜ異なる資産には異なった測定がされるのでしょうか？　減価償却と減損との差異は何でしょうか？　なぜ将来の費用や将来の損失は負債として計上されないのでしょうか？　なぜ損益計算書は真ん中部分に「稼得利益」を表示しつつ2つのセクションを設けて表示されるのでしょうか？　どの会社に貸付をするかあるいはどの会社の株を買うかという決定をどのように投資家はすることができるでしょうか？　経営者は投資家の判断を誤らせるためにどのようにして会計を使う可能性があるのでしょうか？

アニュアル・レポートの構成要素

　世界の上場会社のかなりの大部分が，連結財務諸表を作成する際に国際財務報告基準（IFRS）か，アメリカの「一般に認められた会計原則」（US GAAP）に従っています。後程，第5章でこれら2つのシステムを詳しく見ますが，この章の目的上，これら2つのセットのルールは説明します少々の事項以外については大まかに同一です。

　上場会社によって提供されるアニュアル・レポートは通常，図表と写真とを含む何百ページもの情報を含んでいます。私たちはここでは「監査済み財務諸表」に集中することとなります。これらの財務諸表には，さらなる詳細を提供するために多くの注記が続いています。

　会社は一般に，4種類の財務諸表を提供します。

- 貸借対照表
- 2つのセクションを持つ損益計算書
- 株主資本等変動計算書
- キャッシュ・フロー計算書

　これら財務諸表の大部分については既に見てきました。株主資本等変動計算書は，期中における貸借対照表の全ての変動を説明します。その変動は，利益と新しく株主によって提供された何らかの資本と何らかの配当の支払です。この章では，まず貸借対照表の主要な構成要素をより詳細に見ます。それは資産と負債です。さらにそれらが会計目的ではどのように測定されるかを考察します。それから今度は，2つのセクションに分かれていることに注意しながら損益計算書を検討します。次に，財務諸表の解釈の方法とある会社を他社と

比較する方法について解説します。さらにここでは，財務諸表は意思決定を誤らせうるという警戒事項についてもお伝えします。最後に，アニュアル・レポートに含まれる他の情報についても言及します。

資　　産

　第3章では，まず資産の定義について確認しました。要約すると，IFRSは資産を以下の通りに定義します。

● 支配された資源であり
● 過去の取引あるいは事象の結果としてのものであり
● 将来の便益が期待される場合に計上される

　この定義を見て次の3つの異なる種類の資源の例を考える人がいるかもしれません。(i)会社Zによって使われるが同社によって支配されてはいない。(ii)会社Zによって支配されているが同社によって所有はされていない。そして(iii)会社Zによって所有されているが同社によって支配されてはいない。

　(i)の例は高速道路です。これは会社Zの旅費を削減できるので同社にとってとても有用かもしれません。同社は高速道路を使うのみではなく，使うための権利を有していますが，他の人々による利用をZは制限できません。そのため高速道路をZの資産にはしません。

　(ii)の例は，リース契約で長い年数使う権利も購入したZによって使われる機械あるいは建物です。その耐用年数の大部分についてその資源をZは支配します。これはZの資産として扱われます。(iii)の例は(ii)の裏返しとなります。これについ

ては，Zはある資産を所有していますが，その耐用年数の大部分にわたってそれを他者にリースしたと考えます。するとZはその資源の支配を失っていますので，その資源はZの資産として扱われません。

いくらかの場合において，ある資産の価値あるいはそれが何らかの将来の便益をもたらすことになるか否かについて，会計士には確証が持てないときがあります。そのときはその資産を貸借対照表に含みません。この例は研究プロジェクトの成果物です。しかしプロジェクトが応用発展となるべく進みその成果物を予測できる際には，IFRSではそれは貸借対照表に含まれるべきとあります。会計士は，それは「認識される」あるいは「資産化される」べきだと称します。

資産の種類

物理的な実態あるいはその欠如については，資産はボックス6で見られる通りの3種類のどれかに分類されます。

ボックス6
- 不動産や設備や備品などの有形資産。これらは土地と建物と機械と車両運搬具と棚卸資産とを含みます。
- 特許やライセンスやソフトウエア・プログラムなどの無形資産。
- 現金や売掛金や他社の株式や国公債のような金融資産。

会計士はまたこれら資産の全てを2つのカテゴリーに分けます。(i)固定資産。例えば会社の本社や会社の機械。そして(ii)流動資産。例えば現金や棚卸資産。分類の目的は，読み手が将来のキャッシュ・フローを貸借対照表によって評価

することを助けることです。「流動」の定義には，その資産は現金であるか1年以内に現金化されるかと予想されるということが含まれます。

資産の測定

　もしある項目が資産の定義に合致し貸借対照表に計上されるべきならば，それをどのように測定するかを決める必要があります。これには，表16で概説される通り様々な可能性があります。最初の2つ（NRVとFV）は，時価のバリエーションです。NRVは売上原価を差し引いた純額です。次のもの（HC）は会社が過去に資産を買った際に実際に支払ったものです。最後のもの（DCF）は将来その資産を使うことでその会社が期待する便益（例えば製品を売ることでのキャッシュ・フローに関して）がいくらかというものです。現金の時間的価値を考慮するために現在価値に割り引くことによって将来のフローの大きさを減じます。

　実際の会社の貸借対照表を調べてみたいと思いませんか。これをするのは簡単です。インターネットでどこかの大きな会社について「インベスター・リレーションズ」を検索します。そうすれば，「アニュアル・レポート」を閲覧することができます。財務諸表は，通常はアニュアル・レポート全体の真ん中よりも少々後にあります。固定と流動とに分割された資産から貸借対照表が始まっていることに気付くでしょう。その2つのグループそれぞれにおいて，有形・固定・金融という分類に緩やかに基づいて資産の種類が分類されています。そして，それぞれの資産の種類について，その会社がそれら

をどう測定したか考察したくなりませんか？（表16を参照）

表16　資産へのありうる測定方法

● 　現在の売却価格（正味実現可能価額（NRV））
● 　現在の市場価格（公正価値（FV））
● 　元々の原価（歴史的原価（HC））
● 　企業にとっての価値（割引キャッシュ・フロー（DCF））

　会計士以外の多くの人々は，資産はそれらが価値を有する通りに測定されるという合理的な推定をします。しかしそれは何を意味するでしょうか？　表16の測定値のどれが「価値」でしょうか？　実務においては，取得原価以外のどの測定値も計算が困難であり，そして異なる会計士ごとに異なる推定値に至ることでしょう。その上，おそらく売却されることにはならない資産（例えば本社のオフィス）についての時価（例えば売却時価）は適切であるかは明白ではありません。そのため実務においては，会計士はほとんどの資産を取得原価で測定します。そのアプローチは簡単であり容易であり信頼性があります。もちろん，ほとんどの経済的意思決定においてその数値は非常に適合性があるというわけではないでしょう。いくつかの資産については，公正価値が使われます。公正価値が容易に測定されるからです。それらは(i)株式，そして(ii)US GAAPではなくIFRSにおける投資目的不動産（例えば貸し出されたオフィス用の土地）です。

　原価はほとんどの資産を測定するために使われるので，「原価」の意味のさらなる詳細が少々必要です。棚卸資産の例を見てみましょう。原価は，次の項目を含めて計算します。

棚卸資産を購入する際の市場価格に付随費用あるいは税金を足し，運送料を足し，貯蔵費を足し，棚卸資産を完成品にするために使われた労務費と材料費とを足します。

　多くの場合，棚卸資産それぞれについて厳密な原価を計算することは困難です。なぜなら，多くの棚卸資産は常に動いているからです。そのような場合，会計士は最初に入ってきた棚卸資産が生産や販売に最初に使われるものである（「ファースト・イン，ファースト・アウト」（FIFO）と呼ばれる），といったように単純な推定を使います。あるいは全ての部品の平均的な原価を計算します。

資産の減価償却

　様々な理由からほとんどの固定資産は原価を基礎として表示する，と上記で結論付けました。その理由とは，原価はより信頼性があり，原価は測定の上で容易・安価であり，そして会社はその資産を売却する意図を持たないというものです。しかしほとんどの資産については，限られた耐用年数があります。ほとんどの資産は利用（例えば機械）あるいは時間の経過（例えば特許）によって消耗します。明らかなこととして言えるのは，永遠に存在しうる土地であるということです。消耗する資産については，当初の原価で貸借対照表にそれらを表示し続けることは公正ではなくなるでしょう。また，資産の原価の全てを購入日の経営成績の測定に割り当てることは公正ではなくなるでしょう。資産が利益を生むために徐々に消滅していくならば，全く割り当てをしないこともまた公正ではなくなるのです。

よって会計士は，資産の耐用年数にわたる損益計算へその資産の原価を配分します。このプロセスは，減価償却（有形資産について）そして償却（無形資産について）と呼ばれます。同時に，貸借対照表におけるその資産の金額を減額します。

　　一般に，会計士は減価償却を計算するために実に単純な方法を使います。毎年度同じ金額を割り当てるのです。これは定額法と呼ばれます。具体的には以下のようになります。

　耐用年数10年の機械の原価は，損益計算に毎年10パーセント割り当てられます。その割り当ては，減価償却あるいは償却と呼ばれます。最初の年の終わりには，残りの原価である90パーセントは貸借対照表に資産としてまだ存在します。

　これは，10年目の期末に資産の残存価額がないものとする，と推定しています。バラバラになるまでずっと使用することを会社が想定している多くの機械については，合理的な推定かもしれません。それは，例えば10年後の売却を会社が想定しているオフィス・ビルなどのいくつかの資産については，公正でないかもしれません。もちろん減価償却における「耐用年数」は，その会社において想定される耐用年数であって，その資産の全耐用年数ではありません。そして，もし期待される残存価額が十分に大きいことが懸念される場合は，それを考慮するべきです。会計士であれば「もしそれに重要性があれば」と言うことでしょう。

　すると適切な式はこうなります。

$$減価償却費 = \frac{原価 - 残存価額}{耐用年数}$$

例

　X社は200,000ユーロの建物を2015年１月に買いました。それは物理的な耐用年数が30年と想定されておりそして最終的な残存価額はないと想定されています。X社は15年後にその建物を50,000ユーロで売却するという想定をしています。X社はまた，（その建物はそこに立っていることとなる）土地を1,000,000ユーロで買いました。それは2030年に2,000,000ユーロで売却されると想定されており，2045年には3,000,000ユーロの価値があると想定されています。

　これら資産についての2015年における減価償却費はどのようなものであるべきでしょうか？　答えは以下の通りです。

１　土地。限られた耐用年数というものがないので，減価償却なし。

２　建物。適合性のある耐用年数は15年。原価の純額は200,000ユーロ－50,000ユーロ。よって年間の費用は150,000ユーロ÷15＝10,000ユーロ。

　財務諸表における減価償却の効果は以下の通りです。以下の２つの事象が起こったと考えましょう。その会社は現金での100ユーロの払込によって所有者により創立されました。そしてその会社は機械を60ユーロで買いました。すると貸借対照表は以下の通りに表示されるでしょう。

貸借対照表

機　　械	60	持　　分	100
現　　金	40		

　残存価額なしで機械は10年間存在することとなるので年間の減価償却費は６である，と会計士は計算すると考えましょう。初年度の期末において，これの効果はこうなります。

貸借対照表

機　　械	60	持　　分	100
	－6		
	54		
現　　金	40		

　貸借対照表は合計がされていない状態でありそれは損益がまだ計算されていないからである，とあなたは気付くでしょう。もし他に何もその会社に起こっていなかったならば，その年度の損失は6となるでしょう。それは持分から控除されることとなるでしょう。よって左右どちらの側も94と合計されることでしょう。

資産は時々厄介なアクシデントに見舞われます

　資産が価値を失う単純な例は，棚卸資産が物理的な破損を被るか陳腐化するという場合です。すると，非常に低価格でない限り誰もそれらを買いたくありません。ほとんどの資産のように棚卸資産は通常は原価で測定されるのですが，それらを原価の全額で表示することは，もし売却によって全額が決して回収されえないならば公正ではなくなるでしょう。主体は棚卸資産を迅速に売却することを望むので棚卸資産は通常は時間の経過に応じた消耗をしません。よって会計士はそれらを減価償却しません。しかし破損または陳腐化に際しては，直ちに何らかの損失の認識が必要になります。（IFRSにおいては）会計士は棚卸資産の測定に単純なルールを使います。低価基準あるいは正味実現可能価額です。

　次に固定資産を見てみましょう。減価償却は，購入日に想定される通りに消耗を考慮に入れるというものです。しかし好ましくない予想外の事象が時々起こります。資産が燃える，

66

資産が盗まれる，資産が想定されたよりも速く陳腐化する，という事象です。この損害を無視することは公正ではなくなるでしょう。費用を割り当てそして資産の価値の下落を記録することによって，会計士はそれを考慮に入れます。これは「減損」と呼ばれます。

　よってもしアクシデントがあるならば，会計士は資産の「回収可能価額」を次のことを調べることによって計算します。(a)その資産の売却あるいは(b)その資産の修理とそれの継続利用によってその資産からいくらを回収できるか，ということです。資産の簿価（つまり正味の簿価＝繰り越されている金額＝減価償却される原価）よりもこれらのどちらかが高い限り，問題はありません。もし回収可能価額の方が低いならば，以下の方法によって減損が記録されるのです。

- 貸借対照表の資産価額の減額
- 下落の金額の費用としての割り当て

無形資産についてさらに

　私たちは上記の資産を経済実態に応じて3種類（有形，無形，そして金融）に分けました。そして適宜2種類（流動と固定）に分けました。現代経済において無形資産は特に重要です。ロンドンや香港やシンガポールなどの都市においては，賃金や地価は高くなっています。製造業の多くは，それらの都市から追い出されてしまいました[1]。成功するためには，

1　全ての製造業がこうした都市から撤退したわけではないため，あくまでも多くの製造業の撤退という書き方がされています。例えばシンガポールのジュロンでは製造業が盛んです。

会社は賢くあるべく集中する必要があります。投資銀行と法律家と会計事務所とソフトウエア開発所と研究部門は無形資産を使いそして製造するよく訓練された従業員を活用することに集中しています。

　従業員自体は成功の重要な構成要素ですが，彼らは一般的には貸借対照表に計上されません。訓練され忠誠心のある従業員がなぜ彼らを雇用する会社の「資産」ではないということになるのでしょうか？　会社はおそらく従業員から将来の便益を期待しており，そして過去に彼らと取引をしてきました。しかし従業員はしばしば簡便な通告をすることで辞職することができます。長期契約の従業員についてすら，通常は彼らが辞職する際には迅速に去ることが許されるか要求されています。よって従業員は「支配」されていません。この理由により，彼らは資産としては扱われないのです。これはまた，従業員に関する研修コースその他の原価は資産というよりも費用として扱われることを意味します。

　会社の外部から購入された無形資産は，貸借対照表に計上されます。これらには，特許とライセンスとブランド名とが含まれます。会社にとってこれらを買う通常の方法は，他社を買収することです。新しい会社は子会社となり，そして獲得された無形資産はそれらが子会社の貸借対照表にない場合ですら，新しい貸借対照表に表れます。実際の会社によって表示された無形資産を見てみたいですか。例えば，製薬会社は通常多額の無形資産を持っています。グラクソ・スミスクラインのアニュアル・レポートで貸借対照表を見ることができきます。

それにもかかわらず，製薬会社や銀行などの他の産業の貸借対照表から漏れている無形資産が大量にあります。そうした会社の企業価値を評価する際には，このことを考慮に入れることが必要となるでしょう。研究費は資産の定義によく合致するかもしれませんが，会計士は将来の便益について確証を持てずそうした原価を費用として扱う程です。

負　　債

負債はIFRSにおいて以下の通り定義されます。

- **現在**の義務であり
- **過去**の事象に起因し
- **将来**のアウトフローを招くことが想定される。

負債は**将来**の義務ではなく既に存在する義務であるということに気を付けましょう。負債の将来についての側面は，想定される便益のアウトフローです（通常は現金）。負債は銀行，仕入先，税務当局，そして社債権者に対して支払義務を負っている金額を含みます。しかし次の項目は負債では**ありません**。次年度の給与請求書，リストラクチャリングで費用をかけるという会社の非公式の意図，配当を支払うという会社の公式の意図，年次株主総会前のアナウンス，そしてありそうな予測営業損失です。

これら後者の項目はなぜ定義に合致しないのでしょうか？答えは以下の通りです。

1　次年度の給与請求書は想定されるアウトフローですが，従業員はまだ働いていないので，それを支払う現任の義務がありま

せん。

2　取締役の意図は後に覆されうるものです。それらは特定の
人々への一定金額の支払義務を作りません。

3　会社の年次株主総会（AGM）における配当についての株主
の投票まで配当は法的義務とはなりません。AGMは期末より
後です。

4　ありそうな将来営業損失であっても，損失を現実にする義務
も誰かに損失について支払う義務もありません。

　もう少し複雑なバージョンの負債は，IFRSで「時期ある
いは金額が不確定な負債」として定義されている「引当金」
であり，ここのボックス7で説明されている通りです。

ボックス7

　引当金は以下を含みます。

● （以前に参照したかもしれませんが）グラクソの貸借対照
表には，従業員への年金支払のための負債があります。

● 2011年度の期末におけるBPの貸借対照表には，2010年に
起こったカリブ海での原油漏れを原状回復するための莫大
な引当金があります。

　これら2つの引当金は負債の定義をどのように満たすでしょ
うか？

1　年金。過去の事象は，何らかの仕事をする従業員を獲得す
ることとなった雇用契約です。これは将来の支払をする義務
を作ります。

2　原状回復。過去の事象は原油漏れを引き起こしました。法
律は原状回復を要求し，そして多くの訴訟においておそらく
敗訴することは既に明らかでした。よって，想定されるアウ
トフロー付きの義務があります。この種類の引当金はアメリ
カでは「偶発損失」と呼ばれます。

負債の測定

　資産と同様に，貸借対照表に負債を計上すると決まったな

らば，今度は負債をどうやって測定するかを考えることが必要となります。ほとんどの負債は会社がいくら支払うことが想定されるかによって記録されます。しかし問題があります。支払は将来の年度に想定されていることが時々あります。遠い将来の負債は明日支払うべき負債と同様には懸念するものではないという事実を私たちは考慮に入れるべきでしょうか？　そうした引当金（例えば先程議論された年金や原状回復の引当金）について会計士は逆算することで遠い将来の負債の調整をまさにしているのです。これは「割引」と呼ばれます。割引は現金の時間的価値を考慮に入れます。もしあなたが銀行に預けた現金への10パーセントの金利を得ることができるならば，すると銀行に預けた100ドルは今あなたに1年間で110ドルとなって渡されることになります（あるいは複利によるより大きい金額）。よって，1年後の110ドルのアウトフローは，現在の100ドルのアウトフローに等しいのです。

損益計算書

　第3章で説明した通り，損益計算書は会計期間における成功あるいは経営成績を測定するものです。損益計算書は，会計期間における収益と費用とを示します。収益はボックス8のような項目を含むことがあります。

ボックス8
- 現金と引き換えでの棚卸資産の売却

- 後日受け取られる現金と引き換えでの棚卸資産の売却
- 不動産からの賃貸料の受け取り
- 投資によって受け取った配当あるいは利息
- それらの会計上の金額より大きな金額での固定資産の売却
- 他の会社の株式あるいは（IFRSの下では）投資不動産の価値の増額

　これらの種類の収益の間では，性質が異なっています。損益計算書は，それらを様々な異なる名称で示します。1番目であり一般に最大な金額となるものは，売上高あるいは「狭義の収益」です。ほとんどの会社の基本的なビジネスモデルは，棚卸資産を購入あるいは製造にかかるそれらの原価よりも大きな金額で売却するというものです。会計士は売却の取引に焦点を当てそして棚卸資産の価値の過去の何らかの上昇を無視します。安全性を確保するために，顧客によって棚卸資産が受け取られるまで（あるいは送付されるまで），販売の取引は計上されません。これは資産の定義と合致します。それは，送付によって支配が顧客に移った際に売り手の資産を消去するのです。

　しかし他のいくらかの資産については，会計士は今日では販売前の価値の増額をも考慮に入れます。特に，上場会社の株式や貸し出された不動産などその価値を測定しやすい資産についてです。

　費用には，次のようなものを含みます。棚卸資産の売上原価，給与，減価償却費と資産の減損損失，そして株式や投資不動産の評価損です。

　大規模な上場会社の損益計算書の例を見てみると良いで

しょう。

　収益と費用のいくらかは，現金からはかけ離れたものとみなされるか取締役の支配の及ばないものとみなされ，それらは「その他の包括利益」（OCI）として分離して示されるほどです。不幸なことに，これら項目が何であるか説明する明白な原則はなく，いくらかの複雑なルールがあるのみです。OCIのよくある例は以下のものです。海外子会社へのグループによる投資に影響する為替相場の変動に起因する利得と損失，いくつかの種類の投資の価値の増減，そして従業員への年金に関係する費用のいくつかの部分です。

　これらOCIの項目は大きいことがありえ，年度の間でボラティリティがあることがありえます。一般には別の財務諸表でこれらを表示することができれば良いでしょう。OCIの項目より**前**の金額が損益計算書に表示され，そして「利益あるいは損失」あるいは「稼得利益」として合計されます。OCIが含まれますと，合計は「包括利益」です。もしどこか大きな会社の（IFRSかUS GAAPを使っている）報告書を見るならば，これら2つの損益計算書を見ることになり，それらはしばしば同じページにあります。

　損益計算書は，3種類の項目に分けられているものとして見ることができます。営業，金融，そしてその他です。しかしこれらの用語のどれについても明白な定義はありません。そして実務は会社毎にいくぶん異なります。より詳細には，表17に示されている通り，様々に計算された利益が損益計算書に表示されます。

　第1章で説明した通り，この本は税務を網羅していません。

表17　様々な利益の数値

売上高
－売上原価
＝売上総利益
±他の営業収益・費用
＝営業利益
±金融項目（例えば利息)
＝税引前純利益
－税
＝税引後純利益（「稼得利益」)
±その他の包括利益
＝包括利益

しかし法人税についての税務への簡単な言及がここで必要です。ほとんどの国々において，税務はグループ単位というよりも会社単位で機能します。それは各個別の法的主体がその会社自体の登記国における利益に課税され，その国の会計のルールと税のルールとを主体が使うということです。いくつかの国々においては（例えばドイツ)，会計のルールと税のルールとは非常に近いものです。そうした国々のいくつかの会社では「課税所得」は「税引前当期純利益」と厳密に同じものです。しかし他の国々では（例えばアメリカやイギリス)，課税所得を計算するために多くの調整を会計数値に施すことを税務当局は要求します。例えば，もし投資不動産が公正価値まで増額するように再評価されるならば（UK GAAPあるいはIFRSの貸借対照表において)，結果としての利得は会計では記録されますがその不動産が売却されるま

で税務では無視されます。そして，会計士は資産の売却益に課されることになる税金を先送りされた税金，すなわち「繰延税金負債」として扱います。

解釈：財務比率

　会社の財務的な強さは，その資産や売上高の大きさあるいはもしかするとより重要なことに利益で測定できると考えるかもしれません。しかしその会社自体の売上高や利益などの個別の数値を見ることは誤解につながりえます。いくつかの財務比率を計算することによって，企業の財務がどうなっているのかをより評価できるようになります。

　2つの会社があると考えましょう。AとBです。それぞれの純利益は20,000ドルと50,000ドルです。このことからあなたはB社が2社の中でより収益性が高いと結論付けるかもしれません。しかしここで，いくつかの追加情報を加えてみましょう。

	A社（ドル）	B社（ドル）
純　利　益	20,000	50,000
売　上　高	160,000	500,000

　こうなりますと2社のどちらがより収益性が高いでしょうか？　依然としてB社でしょうか？

　企業の収益性を見るもう一つの方法は，純利益を売上高の数値に対する分子としてそれをパーセントで表示するという（×100），比率を計算することです。

$$\frac{20,000}{160,000} \times 100 = 12.5\%$$

$$\frac{50,000}{500,000} \times 100 = 10\%$$

これは会社自体の純利益の金額だけを見ることは，誤解を招きうるということをはっきりさせます。もし上記の例における売上高など何らかの他の情報のある状況で純利益を位置付けるならば，その企業についてより意味のある情報を引き出すことができます。

2社の別の会社について他の比率を検討しましょう。

	C社（ドル）	D社（ドル）
純　利　益	60,000	60,000
資金調達額	500,000	250,000

純利益を見るだけでは，どちらの会社にも差異がありません。先述したのと同じで，情報を追加するとこの見解は変化しえます。もしここで比率を計算するならば，今回は純利益が「資金調達額」（長期の負債と持分）に対する分子となり，以下の結論を見出します。

$$\frac{60,000}{500,000} \times 100 = 12\%$$

$$\frac{60,000}{250,000} \times 100 = 24\%$$

ここでは，どちらの会社も同じ金額の純利益を生んだにもかかわらずD社がより収益性が高いと分かります。

流 動 性

会社が流動資産によって流動負債を賄えるかを流動比率は評価します。それは，短期で必要となった際に会社がその負債を返済できるかどうかということです。

$$\text{a) 流動比率} = \frac{\text{流動資産}}{\text{流動負債}}$$

この比率について，良いあるいは悪いと判断できる特定の大きさはありません。その会社が含まれる業界の種類が何であるかにメルクマールは依存します。しかし，もしその比率が下がっていっている場合，あるいはもし同じ業界における他社のものよりもその比率がかなり低い場合であれば危険信号があるということになります。

財務（資本）構造

どのくらいの金額をその企業は持分資本と負債性資本のそれぞれで資金調達しているか，言い換えると資金調達額のどれだけの割合が所有者と外部の債権者（銀行など）のそれぞれからのものかを財務構造比率は測定します。この比率は，「ギアリング」や「レバレッジ」として知られています。もし会社にレバレッジが大きくかけられているなら，その企業は多額の負債によって資金調達されていることを含意します。レバレッジが高ければ，利益が出た際に企業の所有者は便益を得ることを意味します。なぜなら債権者はその場合であっても，固定された彼らの分の見返りを受け取ることになるだけだからです。

レバレッジはリスクをも測定します。レバレッジの低い会

社はロー・リスクであり，逆もまた成り立ちます。多額の借入金は，その年度にどれだけの収益性であったかに関わらず支払わなくてはならない支払利息がより大きいことを意味します。よって，高いレバレッジは会社を非常に脆弱にすることがあり得ます。いつかは起こる借入金の返済をする際に利息は支払われなくてはなりません。

このカテゴリーの比率は，パーセントで表示されるので100（パーセント）をかけます。

$$レバレッジ = \frac{長期借入金}{株主の資金 + 長期借入金} \times 100$$

これはレバレッジの比率の一つのバリエーションに過ぎないことを意識しましょう。持分に対する借入金を測定することもまた可能です。通常の場合に重要な発想は，一度どれかのバージョンを選択したならばその比率を時系列あるいは会社間で一貫して使い続ける，ということです。

1株当たり利益

「1株当たり利益」という比率はよく「EPS」と略称されます。その会社は普通株式のみを発行したと推定すると，式は以下の通りとなります。

$$EPS = \frac{税引き後純利益}{発行済み株式数}$$

その比率は1株当たりでのセントやペンスとして表示されます。優先株式も発行した例外的な会社については，分母は普通株式の発行数のままですが，何らかの優先配当は分子の利益から控除されます。なぜならその会社には普通株式の株

主への配当支払の前に優先配当を支払う義務があるからです。EPS比率は1株毎の普通株式によって稼得された利益の金額を測定するのです。

　株主に留保利益の全てを渡しきろうと取締役会が希望するということは到底ありそうにないです。その代わり，いくらかの利益を自力での発展や買収などのために留保することを取締役会は提案しそうです。よって現金として株主が受け取ることになるものは通常はEPSよりも少額です。

株価収益率（PER）

　稼得利益に対する株価の比率はよくPERと略称されます。

$$PER = \frac{1 株当たり市場価格}{1 株当たり稼得利益}$$

　この比率は会社の株式の現在の市場価格を生み出された稼得利益と比較します。この比率は株式の「高価さ」を表します。この比率を解釈する他の方法は，この比率は投資家の自信の水準を示すというものです。その会社への高いレベルの自信を高いPERは表します。言い換えると，その会社の稼得利益と比べて，高い価格をその会社の株式について支払う準備が市場にはあるということです。これは，市場がその会社について望ましい将来を期待しているからです。多くの新聞が上場会社のPERについて毎日報道しています。

誤解を招く財務諸表

　会計数値と財務比率は多くの目的に使われます。数値をで

きる限りよくしようと数値の作成者（例えば大きな会社の管理職）が試みることになるのは不可避です。例えば，会社は次のことをするかもしれません。会社の安定性がより高く見えるように負債を隠すか資産を捻出する，あるいは会社の収益性がより高く見えるように売上高を誇張するか費用を過少計上する，ということです。公衆からより現金を調達することを会社が図っているあるいは取締役の賞与が利益の大きさに依存しているという場合には，収益性がより高い見た目になっていることは特に有用となるでしょう。経営者が実行するかもしれない様々な欺瞞をここでボックス9に要約します。

ボックス9

- 粉飾。会社の見た目を一時的に改善するよう設計された取引の実行。例えば期末の直前に現金を得るための固定資産の売却。
- 創造的会計。抜け穴を狙うことや曖昧さの乱用によって会計のルールを緩くすること。
- オフ・バランス・シート金融。負債として記録されない義務を負うこと。例えば，短期のリースを契約することによったり子会社の定義から漏れるように設計されている主体を使って負債を負うことによって。

　もちろん，取締役が単にルールを破りそして単純な嘘をつくことはあり得るということになります。第6章で検討される通り，この全てを防止するために（あるいはそれのディスクロージャーを確保するために）設計された仕組みがあります。しかし，その仕組みは時々機能しません。ボックス10で示されるような劇的な事例がありました。

　誤解させるための一連の能力の延長線上には，嘘と大嘘と統計と財務諸表があります（ディズレーリに基づく）。しかしそのことは，統計と財務諸表が有用たりえないということを意味しません。それは統計と財務諸表が注意深く解釈されなくてはならないということを意味します。

他のディスクロージャー

　会社のアニュアル・レポートは他の種類の情報も含みます。社長・会長による報告は年度を振り返り将来を見つめます。会社の将来の経営成績についての有用なシグナルを読者は発見することができるかもしれません。取締役による報告は多くの要素を含み，いくつかの要素は規制で要求されています。今日では，アニュアル・レポートは会社による天然資源の利用についての情報を含みます。「カーボン・アカウンティング」や「サステイナブル・アカウンティング」という名称で

この情報は表示されえます。

第5章

国家間差異と標準化

　この章はとりわけ次の疑問に焦点を当てます。単純に，会計のルールが異なる場合には同じ会社について会計上の数値にはどのように差異がありうるのでしょうか？　どの国が国際財務報告基準（IFRS）を使っているのでしょうか？　アメリカの「一般に認められた会計原則」（US GAAP）は特にどのようにIFRSと異なるのでしょうか？　政治と経済学は会計にどのように影響したのでしょうか？

国家間差異

　多くの会社と投資家は国際的に活動しているので上場会社による財務報告の国際的標準化は有用であり，同時にどのように会計が実施されるかについては大きな国家間差異があります。国際的な標準化は国際的なグループ全体を対象とする財務諸表の作成を単純化し，さらに管理職や投資家にとっての会計情報の比較可能性を改善します。国家間差異の大きさ

を示すものは，会社が異なったルールに基づく２つのセットの会計上の数値を公表する場合に現れます。国内のルールにおける会計とアメリカのルールにおけるそれとの比較をアメリカの株式市場に上場していた外資会社は通常公表していました。表18は稼得利益についてのいくつかの興味深い例を示しています。ダイムラー・ベンツは1993年にこのデータを提供した最初のドイツ企業でした。ドイツとアメリカとでの利益の数値の間の大きな差異（そして年度間での変動）は，多くの会計士と財務諸表の利用者を驚かせるものでした。

表18 稼得利益の調整

		国内（100万）	米国への調整済み（100万）	差　異（％）
ダイムラー・ベンツ	1993	615ドイツ・マルク	(1.839)ドイツ・マルク	− 399
	1995	(5.734)ドイツ・マルク	(5.729)ドイツ・マルク	＋ 1
ブリティッシュ航空	2003	72ポンド	(128)ポンド	− 278
	2006	451ポンド	148ポンド	− 67

出典：会社によって公開された財務諸表に基づく著者自身の研究

　ブリティッシュ航空の数値も利益は上下どちらか一方への調整を必要としうると示しました。2007年以降はアメリカの当局がIFRSの会計を調整書類なしに受け入れたので，これら興味深いアメリカの会計への調整書類の提供は2006年を過ぎると消滅しました。

　2005年の多くの国々での連結財務諸表へのIFRSの導入は，2004年度の貸借対照表と損益についての多数の比較を作り出

しました。(i)2004年度に以前の国内システムに基づいて公表されたもの，そして(ii)2005年度にIFRSに基づき比較可能な数値として再度公表されたものとの比較です。カナダの会社については，この作業は2010年度について2011年度に実施されました。

これら大きな差異は，この書籍のここより前の章で論じられた種類のトピックスによって生まれています。減価償却方法，減損の計算，投資家の企業価値評価，などです。実は，表18で示された差異は稼得利益と純資産なので，特定の会計事象を相殺し合うことにより，もっと大きな差異をかなりの程度隠しているかもしれません。

会計における国家間差異の基本的理由は，会計の主要な目的が国と時代とによって異なっていたということにあります。例えば，20世紀の最後の四半期までのアメリカの上場会社にとっての会計の目的は，経済的意思決定をするためのものでした。そして，投資家がキャッシュ・フローを予測することを助ける有用な情報を彼らに与えていました。対照的に，ほとんどのドイツの会社にとっての会計の目的は，課税所得と慎重な配当可能利益を計算することとなっていました。

極めて最近のことですが，多くの国々では有益な妥協に達しました。例えばドイツの上場会社は投資家に送付される連結財務諸表にはIFRSを使いますが，全てのドイツの会社は税務と配当決定に使われる個別財務諸表にはドイツのGAAPを使います。

IFRS

IFRSは，独立性のある民間の信託である国際会計基準審議会（IASB）によって発行されます[1]。その前身である国際会計基準員会（IASC）は，IASCを設立した9カ国の会計士団体の間での「同意書」の中表紙に見られる通り1973年に活動を始めました（図10を参照）。どちらの団体もロンドンを拠点として英語を作業言語としています，あるいはしていました。

EUでは上場会社の連結財務諸表にIFRSが義務付けられています。同様の義務はオーストラリア，カナダ，香港，ニュージーランド，南アフリカ，そしていくつかの他の国々にも適用されています。中国では上場会社はIFRSを概ねベースとしている1組の中国会計基準を使います。日本とスイスでは，IFRSは許容されていますが義務付けられてはいません。

IASBはIASCの基準の全てを引き継ぎました（IASと呼ばれる）。多くの会計上のトピックスについて基準があります。私たちが以前の章で扱った話題についての基準（とそれらの要求）のいくつかの例が表19で示されています。

IFRSとUS GAAPとのいくつかの差異

世界のほとんどの上場会社は，今日ではIFRSかUS GAAP

---

1 IASBは法的には民間非営利組織です。国によっては法人ではなく信託という形態を採る民間非営利組織もあります。

図10　IASCの設立文書の表紙

AN AGREEMENT

to establish an International Accounting Standards Committee

London
Friday 29th June 1973

のどちらか一方を使っています。よく，アメリカでの報告と典型的なIFRSでの報告では，用語法の差異があることが指摘されています。US GAAPはより詳細であり原則というよりも細則で書かれる傾向にあります。すなわち，US GAAPではIFRSより選択の余地は少なくなっているのです。

表19　IFRSの基準書（とそれらの要求）の例[2]

依然として有効な以前からの基準書

IAS第1号	財務諸表の表示（財務諸表は公正な外観を呈するべし）
IAS第2号	棚卸資産（棚卸資産には原価と正味実現可能価額での低価基準を適用せよ）
IAS第7号	キャッシュ・フロー計算書（財務諸表は営業・投資・財務のフローを表示するべし）
IAS第16号	有形固定資産（もしPPEが耐用年数を有する場合にはPPEは減価償却されるべし）
IAS第38号	無形資産（開発段階の原価がいくつかの要件に合致する場合にはそれらは資産として表示されるべし）
IAS第39号	金融商品（売買目的有価証券は公正価値で測定されるべし）

新しい基準書

IFRS第3号	企業結合（のれんは償却せず年次の減損テストの対象とするべし）
IFRS第10号	連結財務諸表（子会社とは他の主体によって支配された主体のことである）

　原則と対照的な細則の例は子会社の定義です。IFRSでは

2　この表では，企業会計基準委員会（ASBJ）が監訳した『IFRS基準＜注釈付き＞2020』がIFRS財団公認であることから，当該和訳資料に準拠した固有名詞を採用しています。

子会社は支配によって定義されます。支配とは，他の主体からの見返りに影響を与える権力のことです。これは少し曖昧です。なぜなら権力が存在するかどうか厳密には明白でないことが時々あります。一般的には，US GAAPは，連結対象を議決権のある株式の過半数を他の会社に保有されている主体に限定することを選好します。US GAAPのやり方では監査しやすいですが，支配されている主体を連結から漏らすことがありえます。

　US GAAPではなくIFRSにおける選択の余地の3つの例は次の通りです。1番目に，アメリカにおけるのと同様に貸借対照表を現金で始めることができますが，現金で終わる資産の配列を使うこともできます。2つ目に，キャッシュ・フロー計算書において（第3章を参照），IFRSは支払利息が（アメリカで義務付けられているように）営業アウトフローとしてよりもむしろ財務キャッシュ・フローとして表示されることを許容し，そのことは正味の営業インフローの見た目を大幅によりよくする可能性があります。3番目に，土地と建物を原価基準よりもむしろ公正価値で測定することができるので，資産を相対的にかなり価値があるように見せる可能性があります。

　全く逆の例が1つあります。すなわちUS GAAPが追加の選択の余地を有する例です。IFRSは棚卸資産の測定に，US GAAPでの財務諸表にはよく使われている後入先出法（LIFO）を許容しません。LIFOとは，最後に（最も最近に）買われた棚卸資産が最初に使い切られるものであると仮定する，という意味です。実際にはこれは棚卸資産を管理す

るためには良い方法でなさそうですが，LIFOの仮定は必ず
しも実態を伴ったものではなく，その仮定は単なる会計方針
です。

なぜ後入先出法（LIFO）が重要か

　特定の棚卸資産の価格が時間の経過によって上昇する傾向
にある，と考えましょう。もし会計士が先入先出法（FIFO）
よりもむしろ後入先出法（LIFO）を採用するならば，どの
ような効果を貸借対照表と損益とに引き起こすことになるで
しょうか？　答えは，貸借対照表をより悪い見た目にし（よ
り古くてより安い棚卸資産），そして損益をより悪い見た目
にする（損益計算においてより高価な棚卸資産たる新しいも
のの使い切り）こととなる，というものです。なぜ会社はそ
うした効果を求める可能性があるのでしょうか？　1つの可
能性は，もし課税計算が損益計算書に結び付けられていると
すれば，より低額な利益は有用となります。

> 　アメリカの会社であるキャタピラー社の報告書のA-12頁に
> ある棚卸資産についての注記をhttp://www.caterpillar.com/
> investors/financial-information/sec-filingsでご覧くださ
> い。「年次のフォーム」に進み，それから2012年度のフォーム
> 「10-K」に進んでください[3]。A-12頁の棚卸資産の注記を見
> ると，LIFOの影響力が分かります。FIFOでの数値であれば
> 2,400,000,000ドルより高額だったということになっていまし
> た。それからA-6頁の貸借対照表をご覧ください。もしFIFO

3　アメリカにおいて年次報告書と10-Kは関係しますが別物です。

が使われていたら，純資産（株主持分に等しい）に何パーセントの影響があったでしょうか？ 18.7パーセントの増加としてこれを計算することができます。第4章で検討したように，これはレバレッジあるいは損益の比率への影響力ということになります。

政治と会計

もちろん会計はビジネスの世界において完全に中心的な存在であり，法律を背景として機能します。しかしボックス11の下記の例で示される通り，政治や経済学のより広い世界から会計は切り離されてはいません。

ボックス11
- 1878年のシティー・オブ・グラスゴー銀行の倒産は銀行への強制的な監査を招き，そして後に他のイギリスの会社への強制的な監査を招きました。
- より広範だったアメリカの株式市場における倒産と後の景気は証券取引委員会の創設を招きました。この委員会は依然として上場会社の財務報告と監査を規制しています。
- 1973年のイギリスのEUへの加盟（そして今も加盟しています⁴）は，会計を政府に支配されないままにすることを図るべくIASCを会計士が設立する主なきっかけでした。
- 1989年のベルリンの壁崩壊後のドイツの再統一はドイツの会社の大規模な拡大とドイツでの国際基準のアドプションを招いたニューヨークとロンドンでの資本の追求とを招きました。
- EUはいつもIASCをアングロ・アメリカンな会計のトロ

---

4 2021年現在，イギリスではEUからの離脱であるブレグジットが済んでいます。

イの木馬と見て反対していましたが，結局EUは自らの資本市場に調和化された基準をもたらすための唯一の実務的な方法としてIFRSを受け入れました。

- 2001年以降のエンロンとアーサー・アンダーセンの倒産はアメリカの規制（サーベンス・オクスリー法）の大幅な増加を招きました。このことはロンドンをニューヨークより金融センターとして魅力的にし，そしてIFRSをより強力にしました。
- ローマ法の国々（例えばフランス）が会計への支配を放棄できないことはIASBの活動へのEUからの政治的干渉という点で慢性的な問題点でした。例えば政治的圧力の下，IASBはIAS39（金融商品について）を2008年に改訂しました。

第6章

規制と監査

　この章では，次のような疑問に焦点を当てながら，財務報告のいくつかの側面を検討します。なぜイギリスは会社の監査済み財務諸表の公表を義務付けた初の国となったのでしょうか？　どのような種類の規制を国家は会計に課すのでしょうか？　なぜアメリカは財務報告について世界最古で世界で最も強固な規制当局を有するのでしょうか？　監査の目的は何でしょうか？　監査は本当に機能しているのでしょうか？どのように監査は遂行されるのでしょうか？

　財務報告についての「国際基準」があるにもかかわらず，国際会計基準審議会（IASB）はそれらを会社に課す権限を持ちません。よってルールは国家の法的システムにおいて課されます。監査とモニタリングとルールの強制についての他の仕組みにおいても，これは同様です。この章は，規制のフレームワークについての２つの国の例から始まります。イギリスとアメリカです。イギリスにおける財務報告と監査の義務付けは，世界最長の歴史を有しています。一方，アメリカ

は世界最大の株式市場と最古の株式市場の規制当局と，世界で唯一現実に重要な国家独自の基準設定主体とを有しています。

イギリスとアメリカの（フランスやドイツや日本などと比べて）特筆すべき特徴の一つは，その歴史と規模，そして会計プロフェッションの重要性とが最大であることです。英語圏の国々では他のどこよりも人口当たりの監査人が圧倒的により多いです。この章は監査の性質と会計プロフェッションとを見ていきます。

イギリスの規制のフレームワーク

イギリスは産業革命を経験した最初の国でした。そのため大規模な会社を必要とし，そのため多くの投資家・株主を必要とし，そしてそのため株式会社を必要とした，最初の国でした。株式会社は当初19世紀半ばのイギリスで多数形成されました。株式会社の大きな長所は，会社の所有者にビジネスへの参加に関係するリスクを限定しながらも見返りを享受する手段を提供することです。このことは株主について不合理に恵まれた位置付けに見えるかもしれませんが，そうした株式会社の存在が経済一般への利益を招く多くの理由があります。1番目に多くのベンチャー企業は特に新しい市場において高いリスクに必然的に関わります。有限責任の利益なしには，管理職でもある所有者は企業文化として必要なリスク・テイキングを躊躇するかもしれません。企業が成長すると，彼らの元々の所有者・管理職から調達できるよりも大きな資

金調達を要求するかもしれません。会社の運営に参加しないであろう投資家からの資金調達にとって魅力的になるために，投資された金額に限定されたリスクで株式を現金と引き換えに提供できます。パートナーシップが負った負債について，各パートナーが個人的に無限責任を負うほとんどのパートナーシップとは対照的な位置付けになります。

　当然ながら，投資家は会社の経営には積極的には関与しないでしょうし，会社の経営陣について知ろうとしないかもしれません。ですので，不道徳であったり無能な管理職のような存在から保護される必要があります。有限責任制に加えて，いくつかの他の保護が法律によって与えられています。重要な保護は，取締役から会社の損益と会社の財政状態を示す財務諸表を受け取る権利です。それらは，様々な規制によって要求されている通りのかなり多くの詳細な情報を含んでいます。

　イギリスでは，会社法が1844年以降に何度か可決されました。これには，報告に関する要求をいくつか含みます。ここで，今日2006年の会社法が要求しているものの例をボックス12は示しています。

ボックス12
- 会社は会計の記録を付けるべし
- 取締役は年次財務諸表を作成するべし
- 一部の小規模な非公開会社を除き監査人を任命するべし
- （財務諸表を含む）アニュアル・レポートは株主に送付されかつ公務員（会社登記官）にそれらを送付することで一般公開されるべし
- 会社は取締役と監査人が任命され配当が決議にかけられる

　ほとんどはヨーロッパ連合の「指令」から来ている会計へのいくつかの指示を会社法は含みます[1]。しかしイギリスの「一般に認められた会計原則」（GAAP）の詳細は，会計基準において見出され，会計基準は民間の独立性のある信託によって制定されています。これが財務報告評議会です。非上場会社はIFRSを代わりに使うことが許されていますが，UK GAAPは非上場会社の会計にとって一般的な基礎です。しかし上場会社の連結財務諸表については，選択肢がありません。EUの規制がIFRSを義務付けているので，IFRSを使わなければなりません。厳密に言えば義務付けられているのは「EUによって採用されたIFRS」ですが，それと完全版IFRSとの差異についてはこの本では特に扱いません。

　会計ルールへのコンプライアンスは，他の民間団体によってモニタリングされます。それは，「欠陥のある計算書」について会社を法廷にかけることを許された財務報告審査会です。訴訟は滅多に起こりませんが，訴訟の脅威（と結果としての会社への悪評）は会社と監査人にとって適切な報告をする強力なインセンティブになります。

アメリカの規制のフレームワーク

　アメリカでは，多くの規制が州レベルで運用されています。

1　第5章訳注4を参照。

ほとんどの州が会計や監査については義務付けをしていません。よってほとんどの会社には監査人を任命したり財務諸表を公表する必要がありません。しかし1929年のウォール街の株価大暴落の後，世界最古で世界で最も強固な株式市場の規制当局である証券取引委員会（SEC）の設立を招いた証券取引法を連邦議会は可決しました。図11は1929年10月のアメリカでのカオスの一局面を示しています。

図11　1929年10月にウォール・ストリートに集まる群衆

SECは上場会社とその連結財務諸表のみに関心があります。そのような財務諸表について，SECは会社が監査人を任命するようにそして非常に充実したディスクロージャーを実施するように要求します。SECはUS GAAPの詳細なルールの部分を定めることができますが，通常は民間の基準設定主体にそれを許してきました。1973年以降はこれを認められた団体はUS GAAPを定める財務会計基準審議会（FASB）でした。会社によるUS GAAPの利用をSECはモニタリングし強制します。

　2006年まで（同年を含む），アメリカの取引所に上場した外資会社はUS GAAPを使うかあるいはUS GAAPとの何らかの差異を数値的に説明しなくてはなりませんでした。2007年以降，SECは外資会社によるIFRSの使用を受け入れました。第5章で言及した通り，現時点で10年以上に及んでいることですが，IFRSとUS GAAPとの差異を取り除くゆっくりとしたプロセスが進んでいます。

監査の背景

　第1章の表1では，いくつかの会計士団体についての設立年とその規模を示しました。イギリスは所有者と管理職が同一人物ではない株式会社を最初に多く有した国なので，最古の部類の団体はイギリスにあります。監査人の基本的な役割は会社の取締役によって作成された財務情報について報告することであり，この報告はより大きな信頼性を財務情報に与えるためのものです。イギリスの会計プロフェッションは清

算と破産の業務により古いルーツを持っているにもかかわらず，今日の大部分の会計事務所の業務の多くの部分は監査や類似の報告をする業務から成っています。

　株主は信頼できる確実な財務情報を必要としていることは明白です。そのため，（1900年以来イギリスでは）多くの株式会社の報告が適切に資格を有する外部の会計士によって監査されることを法律は要求します。監査へのそのような一般的な義務付けのない国々では，通常，監査人を任命しなくてはならないのは上場会社のみです。例えばアメリカでは，SECによってこれが要求されています。

　信頼性のある財務情報に関心がある利害関係者は，株主のみではありません。他の種類の投資家がいます。例えば，会社に現金を貸した社債権者です。その上，投資家ではない他の利害関係者がいます。例えば株式会社に現金を貸し付けることを意図する銀行は，借り手の財務上の安定性を査定する手段として使われる財務諸表が適正に作成されたかどうかを知ることを望むでしょう。類似したこととして債権者（商品やサービスをある会社に提供しかつそれらについて将来支払を受けることとなる企業）は，ある会社に貸付をする前にその会社の財務諸表を調べることをしばしば望むでしょう。もし会社が倒産して清算するならば，銀行・債権者は通常は株主から当初の資本の拠出額を超えた追加の現金を入手できないでしょう。結局のところ儲かっているように見える会社の財務諸表を調べる場合，信頼のおける監査報告書によるアシュアランスを得るべきなのです。会社の取締役が財務的に困難な状況に直面した際に，ほとんど抗えないプレッシャー

を受けながら，実際よりもよく見せたくなることに勝るものはないでしょう。このようなことが起こらないようにし，もし起こってしまったならば監査報告書をクオリファイド・オピニオンとすることは監査人の責任です[2]。特に大きな会社では，財務報告の利害関係者はこれらよりさらに広く，会社の直接の利害関係者を超えて政府や公衆に及びます[3]。

ほとんどの重要な会社が，基本的に多国籍に営業活動を展開していることを前提とすれば，監査人もそうしなくてはなりません。例えば，巨大な製薬会社であるグラクソ・スミスクラインはロンドンを拠点として，ロンドンとニューヨークで上場し，そして24カ国以上の国々で営業活動をしています。イギリスの法律とロンドン証券取引所に対応する目的で，同社の全世界での営業活動についてIFRSベースで連結財務諸表を作成しています。それはあたかもそのグループが，どこでも同じ会計のルールを使う単一の主体であるかのようです。財務諸表はイギリスの法律と監査への要求を背景としてPwCによって監査されています。別途の監査報告書が付いているもののそれと同じ組み合わせの財務諸表がニューヨーク証券取引所でも使われています。よってそのグループの構成要素の全て（親会社と全ての子会社を含む）は，税務などの現地

2　不適正意見の場合もあれば限定付き適正意見であったり意見不表明である場合もあるので，クオリファイド・オピニオンとして広い概念が使われています。

3　公衆という単語を日本語では頻繁に使わないかもしれません。しかしノーベス教授の所属するロンドン大学は功利主義を整理したベンサムゆかりの大学であり，ベンサムは議会に関して政治的エリートと公衆とを対比させた思想を持っていました。

対応の目的で個別の報告書を現地の会計のルールを使って作成しています。これらの報告書のいくつかは，子会社が位置する各国の要求に従って監査され公表されています。

　病院や大学といった多くの他の組織においても，監査済み財務諸表はしばしば法律や定款で要求されているからです。そのことはそれら組織の財務報告の信頼性を上昇させ，さらに受託責任も向上させます。

監　査　人

　全ての会計士が，会社の監査人を務めることを認められているのではありません。例えばイギリスにおいては法律によっていくつかの団体（例えば様々な会計士協会。第1章を参照）の会員についてのみ認めています。アメリカではSECが，上場会社の監査人を承認する責任を負っています。

義務と責任

　最も重要な監査人の義務は，取締役によって作成された財務諸表について報告をするということです。監査人はその財務諸表を作成する責任を負っておらず，そして取締役にその財務諸表を変更するよう強制できないことに留意してください。監査プロセスの集大成は，上位にある法律と会計のルールの下で財務諸表が会社のキャッシュ・フローと財政状態と経営成績について「真実かつ公正な表示」（イギリスにおいて）あるいは「公正な表示」（アメリカにおいて）をしているか否かについての「監査意見」の公表です。通常は監査報

告書は財務諸表の直前に見ることでき，しばしば会社のアニュアル・レポートの真ん中あたりにあります。

　「公正」という概念は，以下の会計に関する２つの事実を反映しています。それは，会計が厳密な科学ではないということと，ほぼ類似した情報を表示するための方法がいくつも存在する可能性があるという事実です。そして，財務諸表が事実を反映するよう正直に作成され，読み手にとって誤解を招かないということを示します。

　財務諸表が公正ではないという監査意見を示す上場会社の監査報告書を見ることは，今日では極めて異例です。そうした監査報告書は，アメリカにおけるSECやイギリスにおける報告評議会などの規制当局による調査の引き金となるでしょう。このことは監査人は取締役に対して強力な説得力を持つ，ということを意味します。一方で監査報告書にコメントを入れたり，財務諸表の特定の点に注意を惹き付けるようなことをするのは監査人にとっては普通のことです。

独　立　性

　監査における主たる機能は，会社の取締役によって公表される書類に信頼性を加えることです。よって監査人が会社の成功に個人的な利害関係を持たないでいるべき，ということは根本的に重要です。どんなルールも独立性と客観性とを保証することはできません。それらは監査人に要求される属人的な資質です。それでもやはりほとんどの国々において法律により監査人が自ら監査人を務める対象である会社（当該監査人のクライアント）の取締役や従業員を務めることを禁止

しています。さらには，職業団体のルールでは，当該監査人がクライアントの株式を保有することも禁止しています。加えて，会計事務所は彼らのパートナーや従業員が可能な限り独立性のある外観を呈することを確保すべく，彼ら自身のルールを持っています。よって，いくらかの株式を保有している学生は，会計事務所に就職するにあたって事務所の独立性についてのルールに準拠すべく，それらの株式を売却しなくてはならないことになるかもしれません。

　独立性を確保する他の方法は，監査人は「職業的懐疑心」の行使を要求される，ということにあります。職業的懐疑心とは，いかなるパターンの誤解を招く会計にも警戒するべきだということです。クライアントの従業員が，負債を隠したり利益を過大計上したりしているという可能性を監査人は常に警戒するべきです。

　監査法人は，法的には株主によって任命されかつ株主に対して責任を負っています。そして取締役によって作成された財務諸表について，独立して報告する義務があります。にもかかわらず，監査法人はしばしば取締役から株主になされた提案による任命を負うことになり，このことは逆説的です。これら全てが監査人の独立性の進路に大きな障害をもたらしえますが，ときには取締役の意図に反対しなくてはならない監査人を保護するための法律には防御措置があります。特にアメリカでは，会社が倒産した際に監査人は債権者その他によって時々訴訟を起こされます。これは監査人が仕事を適切に実施する上でのさらなるインセンティブとなります。

　しかし，監査人が取締役に近くなりすぎた事例が確かにあ

ります。それは部分的には監査以外の全ての業務が，取締役によって与えられていることが原因です。実務において，監査人はしばしば（その会社の株主よりもむしろ）監査を受ける会社を「クライアント」として見ます。最も劇的な例は，2001年のアメリカの電力流通会社エンロンの倒産でした。この倒産は結果として，以前は高く評価されていた監査法人であったアーサー・アンダーセンの倒産を招きました。

　独立性の品質はそれを必然的に守ることになる人格的強さを伴わなくてはなりません。困難な状況において，監査人は自らのクライアントである（株主の）会社の管理職と自分自身とが対立している状況にしばしば直面することになります。そして真価が試されるのはまさにこうした状況においてなのです。

監査とは何か？

　監査における４つのステップは以下の通りです。(i)案件に関する条件の受け入れと定義。(ii)リスク・アセスメントと重要性の水準の評価とを含む計画。(iii)証拠の収集。そして(iv)クライアントその他への報告。もし財務諸表が公正な外観を呈しているというのであれば，財務諸表は会社のビジネスにおける取引を反映していなくてはなりません。会社の売上についての例をピックアップするべく，監査人が尋ねることになる疑問はボックス13のような項目になります。

　いくつかの監査の重要な側面については，後ほどこの節で検討していきます。

重　要　性

　もちろん監査人は記録された少額の売上全てを見ることに関心があるのではありません。約10億ユーロの総売上高の会社の損益計算書の読者は，表示されたよりも100万ユーロ前後実際にはその売上高はずれていたのかどうか，ということをおそらく重要ではないと考えるでしょう。監査人は**重要性**を考えなくてはなりません。そして，どの規模の誤謬あるいは誤表示であれば，適正な理解のために重要となりそうかを決めなくてはなりません。何が重要そうかを監査人が一旦決めたならば，その財務諸表は重要性があるほどに誤表示されていなさそうだという本人なりの満足を得られるように業務を遂行することになります。会社による全ての取引の途方もない検査によってのみ確証は達成されえるのであり，大規模な会社はさておき最小の部類の会社についてすらも完全な確

証が常に達成されえるかは疑わしいのです。よって，監査人の業務のまさに開始の時点で，監査人がするべき非常に重要な判断が2つあります。このクライアントにとって何が重要となりそうでしょうか？　そして「監査意見」を表明するための保証の必要な水準に至るためにどのような業務が必要でしょうか？　これらは多くの判断の始まりに過ぎません。

見解を形成する

　上記の疑問に答えるために第一段階としては，クライアントのビジネスを完全に理解することです。この理解なくしては，財務諸表がクライアントの経済活動を反映しているかどうかについての見解を形成できません。次の段階では，クライアントの会計システムについて考えることです。もし会計システムが正確な情報を作り出すことが可能であれば，監査人は最終的な数値を立証するためには比較的少ない業務を遂行するだけで済むかもしれません。もしクライアントが**内部統制**について，よいシステムを有しているならばこれが可能となります。

　内部統制は，会計システムが正確な情報を作り出すこと，そして会社の資産と負債が適正に記録されており資産については十分に保管されていることを会社の取締役が確保する手段です。もし取締役が内部統制を重視するならば，この態度は会社に普及することになるでしょう。そして会計システムは正確な情報を作り出すでしょう。しかし監査人は，他の満足いく統制を無効化してしまうシステムの欠点を常に警戒しなくてはなりません。

会計システムと内部統制の検査は，クライアントへサービスを提供する機会を監査人に与えてくれます。多くの企業とその会計システムにおける失敗を招きうる様々な事項に対応してきた経験は，監査人をクライアントに手引きと助言を与えられる立場へと監査人を特に見事に位置付けてくれます。これは監査人のルールで決められた義務の一部ではないにもかかわらず，よき監査人はこれを何らかの事象に際して実施しなくてはならない業務の直接の結果として，クライアントに対して提供できるサービスと考えます。

　ビジネスの知識と会計上の統制システムの理解とで武装をして，財務諸表自体についての業務にどうアプローチするかを監査人は判断することになります。もし統制システムが満足いきそうであれば，監査人は（そのシステムの最終的な成果物である）会計情報が合理的な水準で正確であることにいくらかの保証を得るために統制システムに頼ることができます。もしこのことを意図するならば，監査人は統制が本当に満足いく形で機能しているかを調べるべく統制についてのさらなる検査をしなくてはなりません。あるいは，統制システムは信頼性がないあるいは作り出される情報のより詳細な検査に直接進む方がより効率的，と監査人は結論付けるかもしれません。内部統制システムに信頼を置くことができる場合には遂行する量はより少なくなりますが，監査人は財務諸表に含まれる情報についていくらかの試験と検証と分析を常に遂行することになります。

　情報の大きな集団からのサンプリングの問題への統計学の利用とともに，時々内部統制システムに依存するこの能力は

監査業務のルーティンの大きな部分を占めます。監査人はもはや多くの取引を検査するのではなく，この業務に必要なことを減らすべく分析についての技能を今日では使います[4]。

コンピュータ

　監査人にとってのコンピュータの重要性は，今日では非常に大きいです。実質的に全ての企業が，会計と経営についての情報システムの一部として何らかの形のコンピュータ技術を利用しています。極めて最小限に見積もっても，監査人は彼らに関わるコンピュータ・システムの性質と特に統制についての弱点とを理解しなくてはなりません。実際に，IT システムに関係する分析と調査についての洗練されたテクニックの利用は，今日では監査人の業務の重要な部分です。

判断についての疑問

　監査業務を終えるためには，測定と表示の問題についての判断に関して難しい疑問があり得ます。監査法人の上層部にいるメンバーは，多くの時間をこれらに費やすことになります。例えば，会社は新しい製品の開発の原価をその貸借対照表上の資産として繰り越すことを望むかもしれません。IFRSにおける会計のルールはこれを実施するように義務付けていますが，所定の事象の下でのみのことです。例えば，プロジェクトに関する原価が特定されなくてはならず，そして最終的な収益が開発の原価を上回ることが期待されていなくて

4　2021年現在，精査か試査かという問題は監査法人での人工知能
（AI）の導入により新しい局面を迎えています。

はなりません。

　外部者にとってこれらは判断する上で難しい疑問となりますが，監査人は適切な問いを立てて判断を形成しなくてはなりません。監査人の見解がクライアントの取締役の見解と異なることになるのは，常にこうした問題についてです。監査人はその問題に必ずいくらかの懐疑心を持ってアプローチしなくてはならず，一方でそのプロジェクトを促し承認した取締役は彼らの決定が実を結ぼうとしてはいないことを認めるのをためらうかもしれません。

　監査人と取締役の見解の違いで他のよくある原因は，棚卸資産の測定についての疑問です。第4章で指摘した通り一般的なルールは，棚卸資産はその原価とその**正味実現可能価額**との間の低価基準で会社の貸借対照表に資産として含まれるというものです。いくつかのケースにおいては，棚卸資産の原価すら決定困難となることがあります。棚卸資産がその会社自体によってつくられた場合は特にです。注意深い記録を付けることが必要となり，そして特定の項目に原価を配賦する上でいくらかの判断が関わってくるかもしれません。しかし，棚卸資産の正味実現可能価額は，決定がより困難ですらあるかもしれません。棚卸資産がゆっくりとしか流れないか，陳腐化したモデルと関わっている場合は特にです。例えば，自動車メーカーは販売が終了したモデルの部品の在庫を維持しなくてはならないかもしれません。時間が経過すると，これら部品の売上は消滅することとなり，そして会社が保持している部品全てが売却されることになるのかどうかという難しい判断がなされなくてはならなくなります。またしてもこ

れは，監査人と管理職の見解がしばしば異なる領域です。

　2008年以降に世界で広く経験された不況の時期には，その企業のゴーイング・コンサーンが成り立つか否かに関わる他の重要な判断があります⁵。もし成り立たなさそうであれば，会社か監査人はその問題を報告するべきです。その問題は，その資産が測定される方法に影響することになります。当然，取締役はこの可能性に対して抵抗することになるでしょう。一般的に不況の時期でなくても，イノベーションの連続はいくつかの企業を脱落させます。例えば，電子商取引の攻勢により生き残ろうと苦戦している目抜き通りの商店などがそうです。

詐　　欺

　会計士にとっての困難な領域は，詐欺についての疑問です。社会一般では詐欺を見つけて防止することは，監査人の主要な目的の一つと考えられています。しかし監査人自身はこれとは逆の見方をしており，まさにこれは監査人の実際の職責と公衆や新聞がそれだと考えるものとの間での「期待ギャップ」の例です。それにもかかわらず，監査人は財務諸表に影響を及ぼす可能性がある重要な誤謬を発見するという合理的な期待のもと計画を立てます。多くのそうした誤謬は故意ではないものとなりますが，しばしばそれらは詐欺が原因かもしれません。監査が重要な詐欺を見つけることになると全て

　5　社会人の読者の場合には違和感があるかもしれませんが，ゴーイング・コンサーンとはその主体が永久的に活動を継続するという仮定のことです。

の監査人は望むでしょうが，確証は持てません。不幸なこと
に，結託や隠ぺいの可能性が原因で，監査人が詐欺を見つけ
ることになるという可能性は同等に重要な誤謬の場合と比べ
て比較的少ないです。しかし多くの詐欺は公正な外観を財務
諸表が呈するか否かに影響する程には大きくありません。監
査人に対して全ての小さな詐欺を見つけるあるいは防止する
ことを期待することはできません。それはとてつもなく高価
になります。詐欺が見つかることになる可能性は常にあるの
で，単に監査があることでの抑止効果にはなるでしょう。

　もし下級の従業員による詐欺が見つかったならば，これは
上級の従業員に報告される可能性があることは明らかです。
しかし本当に大きな詐欺には，上級の会計士や他の役員が関
わっているかもしれません。幸いなことに，ほとんど全ての
上場会社には監査委員会がありますので（次の項を参照），
監査人はそれら委員会に問題を報告することができます。い
くらかの詐欺にもかかわらず財務諸表がルールに準拠してお
り公正な外観を呈しているという前提を置けば，詐欺やそれ
を見つけ出したことについての外部報告はないでしょう。

監査人のためのいくつかのルール

　監査人は会社法のフレームワークにおいて活動します。例
えばイギリスではいくつかの会社（全ての上場企業を含む）
は，監査人を任命しなくてはなりません。監査人の主要な義
務は，取締役が作成した財務諸表が真実かつ公正な外観を呈
しているかどうかについて監査意見を表明することです。会
社法はまた誰を監査人として任命してよいのかを限定し，そ

して監査人の任命における条件を限定しています。

　財務報告に「基準」があるのとちょうど同じように，この節で論じられた問題の多くについて監査基準があります。財務報告については，国内基準は今日では「国際監査基準」によって大幅に置き換えられてきました。国際監査基準は，会計士の委員会によって制定されており各国の規制当局によって義務付けられています。

　さらに上場会社について設計された，社外取締役を含む監査委員会の任命を義務付けるコーポレート・ガバナンスのコードもあります。

監査人の業務の混成物

　第1章で説明した通り，監査に加えて倒産や税務やコンサルティングなどの多くの種類の仕事を会計事務所は実施しています。監査（あるいはより広範に「アシュアランス」）を扱う事務所の一部は，業務についてむしろ季節変動を含んでいます。これは，多くの国々においてほとんどの会社の会計年度の期末が同じだからです。アメリカやドイツでは，期末は12月31日です。日本では3月31日です。そしてオーストラリアでは6月30日です。年度において特に忙しい時期があることをこれは意味します。その時期は通常は期末の数週間後に始まります。しかし多くの上場会社は，何らかの監査の対象にしなくてはならない四半期や半期の報告の公表を義務付けられていますし，年度の全ての時期に舞台裏の業務の多くが続くことはありえます。例えばシェルのような巨大な会社

の監査人は，そこで年中ずっと働くことになります。

　その上，監査や調査の経歴を持つ会計士は，独立した意見を表明することを要求する他の業務の遂行をしばしば頼まれることになります。これは財政援助（例えば一定の場合において政府の当局から与えられる助成金への会社による請求）の請求に関する報告や原価の分担や利益配分の基礎を形作ることになる財務諸表への報告を含むかもしれません。例えば，1社によって操業されているものの多くの会社が財務上の利害関係を持っている，北海の原油掘削施設の操業について報告書が要求されるかもしれません。

　会計士は，政府の調査に参加することを頼まれるかもしれません。例えば，イギリスの会社法の下によく確立された手順があり，その手順によって政府の省は会社の問題を調査するために調査官を任命します。このような調査のためには通常は2名の調査官が任命され，1名は卓越した会計士でもう1人は法律家です。彼らの能力が補完し合い，特に会計情報と宣誓をした証人についての情報を分析することにより，事実を確定することが可能となります。

　会計士はまた争議の解決に活用されるかもしれません。いずれにせよ彼らは専門家あるいは裁定者としてこれに関係し，当事者にとっては意見を信頼しうる独立性のある人物を見つけることがどちらの場合においても目的となるでしょう。その「専門家」は争議のために当事者の一方によって雇われ，法廷あるいは裁決機関を説得できなくてはなりません。一方，「裁定者」は双方の論述を聴いて，双方が条件に従うことに同意する決定をします。

第7章

内部的意思決定：原価と数量

管理会計の範囲

　第1章の話を少し思い出してください。会計は2つの主な領域に分かれるということをお伝えしました。財務会計と管理会計です。最後の2章は管理会計の側面を検討します。意思決定とコントロールです。とりわけこの章は次の疑問に焦点を当てます。管理会計はどのような種類の意思決定を助けることができるのでしょうか？　なぜいくらかの原価は適合性があり他のものには適合性がないのでしょうか？　間接費とは何でありそしてどのように間接費は意思決定において考慮されるのでしょうか？　最初に，財務会計と管理会計の差異を復習しましょう。

財 務 会 計

　これは株主や銀行のような外部の利害関係者（外部利用者）に財務情報を提供するためのものです。その情報は所有

者に対して会計責任を管理職が果たせるように設計されており，そして投資家の経済的意思決定を支援できるように設計されています。このカテゴリーで作成される典型的な財務書類は以下のものです。損益計算書，貸借対照表，そしてキャッシュ・フロー計算書です。財務諸表についての要点をまとめると以下の通りです。

- 法律で義務付けられている
- 組織の外部の読み手のために設計されている
- 指定の様式である（多くの要求に従って表示される）
- 少なくとも上場会社においては監査される
- （会社が同社の過去の会計期間に実施した）過去の活動に基づく

管理会計

　これは会社の管理職（内部利用者）に財務情報を提供するためのものです。その情報は管理職による内部的意思決定を支援し，そして彼らが組織をコントロールすることを支援するように設計されています。このカテゴリーで作成される典型的な財務書類は次のものです。製造原価報告書，損益分岐点についての報告書，そして予算書（例えば現金予算書）。財務諸表についての要点をまとめると以下の通りです。

- 頻繁に作成されそして非常に詳細たりえる
- 法律で義務付けられてはいない
- 組織の内部の読み手のために設計されている
- 何らかの指定の様式ではない（何が各組織にとって適切なものに従う）
- 過去，現在，そして将来の活動に基づく

　財務会計と管理会計という2つの領域の会計には重複して

いる箇所があります。どちらも，通常は第2章と第3章とで
検討されたように複式簿記を通した財務情報の収集に基づき
ます。この章では管理職による意思決定について見ていきま
す。そして，原価の種類と原価情報が損益分岐点分析のため
にどのように使われるかを検討します。続いて第8章ではど
のように会計が予算と標準原価を含むコントロールに使われ
るのかを見ます。多くの会計士が会社の内部で管理会計のこ
れら非常に有用な職務について働いています。他の章と同様
にこれからの話も広範な領域への導入部分であるに過ぎない
ことを理解して読み進めてください。

原価によって何が意味されるか？

「原価」という単語には，多くの意味が含まれています。
会計にとって適合するものをここで検討します。

歴史的原価と関連原価

歴史的原価は，主体によって実際に費消された金額で，1
組の財務諸表を作成するために使われます。しかし意思決定
のための関連原価は異なります。関わってくる経済的原価ま
たは機会費用を評価することが必要です。当該意思決定は主
体が建物を売却するべきか否かというものである，と考えて
みましょう。機会費用とは，もしその主体が所有する建物を
売却したならば，（代わりの建物を賃借しなくてはならなく
なる，などの様々な形で）放棄することになる現金の金額で
す。この状況における資産の歴史的原価は，常に不適合です。

言い換えると，将来の活動について意思決定をする際には，重要なのは将来に適合した金額であって歴史的原価ではありません。

機 会 費 用

多くの場合において1つの選択肢は他の選択肢の機会を放棄することを意味しますので，機会費用が発生します。言い換えると，機会費用を次のように定義できます。通常は貨幣額で表示されるもので，特定の意思決定をする結果として次善の選択肢を失う価値。

労務関連原価の例

プロジェクトを実施するべきかしないべきかを決定するための原価の1つは，労務費かもしれません。意思決定に労務費が適合性を有するか判断するために，ボックス14の3つのパターンのどれがそのプロジェクトに当てはまるかを会計士は見出す必要があります。

ボックス14
- （もしかすると仕事の増加がすぐに見込まれているか，そのような技能の従業員の供給が少ないために）会社によって従業員がレイオフされることにはならないと仮定して，さらに従業員がそのプロジェクトのために働いていないで何もしないならば労務費は適合していません。
- もし従業員が他の仕事に既に手いっぱいで，別の適切な従業員を迅速に見つけることができないならば，労務についての関連原価は，顧客が所定の金額を支払うことになる他の仕事を実施する機会を失うことです。このケースにおいて，管理職はどのようにその資源を使うべきかについて選

> 択をしなくてはなりません。もしその選択肢が従業員をある仕事から別の仕事を移すことであれば、それは移す先の仕事を求めて元の仕事の価値を放棄することを含意します。
> ● もし従業員が既に手いっぱいだとしても、さらなる適切な従業員を迅速に雇用することが容易となるのであれば、労務費は追加の従業員に支払わなくてはならなくなる金額（つまり犠牲にしなくてはならなくなる現金）です。

関連原価は「増分原価」と呼ぶこともできます。重要なことは、もし追加のプロジェクトが実施されたならばどのように原価が変動することになるのか？ ということです。

埋没原価と既決原価

過去のことは永遠に過去のことです。埋没原価は意思決定には常に適合しません。**覆しようのない**意思決定がなされたということになるので、埋没原価または既決原価は互換的に扱うことができます。プロジェクトについて進めるという意思決定が一旦なされたならば、埋没原価と既決原価の両方あるいは片方が生じたこととなり結果として適合しない原価が生じたことになります。これは資本投資評価の背景（この書籍では網羅されていないファイナンスの側面）において重要な問題です。

固 定 費

ほとんどの企業では、企業の操業度がどれだけかに関係なく（少なくとも短期においては）**固定された**原価があります[1]。

---

1 日本の大学教育における会計学の授業では操業度についての説明は入門段階ではあまりされていないかもしれません。操業度と

固定原価は操業度の変動に応じた変動をしません。例えば，もし企業がその企業の製造施設として建物を賃借することになったならば，その建物の内部で起こる製造活動の水準に関係なく賃料は同一となります。これは企業の操業度によって**変動する**原価と対照的です。

図12　操業度に対する固定費のグラフ

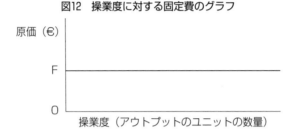

図12は操業度の上昇にもかかわらず一律のままの固定費についてのグラフを示します。アウトプットの水準が上昇するとき，固定費は（OFの金額として）同一のままです。

典型的には，固定費は賃料，保険料，そして清掃費を含みます。そしてこのことは，銀行，ホテル，そしてスーパーマーケットのような幅広いサービス産業に当てはまることになります。製造業の会社では短期的には，労務費の一部さえも固定化されてしまいます。

原価を固定費として扱うことは，それが永遠に固定費であることを意味するわけではありません。**固定**という用語が含意するものは，**考察対象となっている活動の期間に関しては**操業度にかかわらず変動しないものとしてそのような原価を

<hr>

は，収益を獲得するために管理職が実施する活動の規模のことです。

扱うことが合理的である，ということです。別の方法でこの概念を表現すると，いくらかの原価は**適合性のある期間について**固定費として扱われうる，というものです。これは，活動が特定の期間をはみ出さない限りこれらの原価は固定されたままであると仮定できる，ということを意味します。長期的には，何らかの原価を永遠に固定されていると見ることは困難です。例えば，会社は操業度が下がった際にその建物の一部を賃貸できます。すると固定費として以前に考えられていたものは減少します。

準「固定」費

さてここで，例えば企業が非常に本格的な海外進出をしたために操業度の大幅な上昇が起こった，という状況を考えましょう。そうなると，新しい事務所を開くことが必要になりますので，賃料はもはや固定費ではなくなります。すると賃料は図13に表示されている通りに動くことになります。そのような原価の動きを準固定費として表現します。

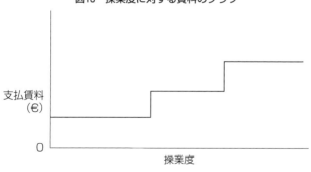

図13　操業度に対する賃料のグラフ

操業度は0から上昇する際には，賃料（固定費）は影響を受けません。しかし特定の操業度になると，賃借される追加の空間なくしては操業度は上昇しえません。この追加分の賃料は，「段階」の原因となります。結果として他の段階になる操業度に達するまでは，操業度がさらに上昇したとしても賃料は影響を受けないままとなります。

変　動　費

変動費は，操業度に応じて変動する原価として定義されます。製造という観点から考えると，もし会社が操業していないならば，変動費は生じないことになります。例えば，もし製品が0であれば原材料の利用は0かもしれません。労務費も変動費の例として使われ，そしてこれはいくつかの国々の工場に当てはまるかもしれません。変動費は「限界費用」とも呼ばれます。実務においては，今日では少なくとも短期においては，労務費がアウトプットに応じて変動しない組織で多くの人々が働いています。

図14　操業度に対する原価の合計のグラフ

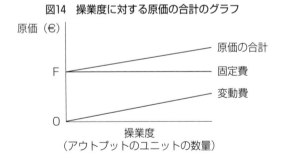

原価の合計

図14は，固定費と変動費を含む原価の合計の例を示しています。操業度が０の場合においては，変動費は０ですので，原価の合計は固定費と一致します。操業度が上昇すると，結果として変動費が上昇するので，原価の合計が上昇します。

損益分岐点分析

原価についての先程述べた発想は意思決定に有用です。最初の例は，主体の操業度についての意思決定です。これのために，ボックス15の４つの主要な概念が必要です。

ボックス15
1　（合計での）固定費
2　合計での変動費と製品のユニット当たりの変動費
3　売上高（つまり貨幣額での売上高の総額の数値）とユニット当たりの売価
4　アウトプット（操業度）

これら４つのどれか１つを変えることは，企業の利益に影響を与えることになります。もし企業の固定費を増額させれば，利益は減少することになります。もし売価を上昇させれば，利益は上昇することになります（会計学よりも経済学の問題であることに，顧客が買うユニットの数量は同じと仮定する）。よって，変数の間での関係を見ることによって，短期での意思決定ができます。損益分岐点分析は，短期の利益計画についてのものです。ここで２つの新しい用語を説明する必要があります。「貢献利益」と「損益分岐点」です。

貢献利益

「貢献利益」とは，特定の製造ラインが固定費を賄い利益を生むことを助ける金額です。貢献利益は下記の通り測定されます。

売上高－変動費

これは製品のユニット当たりで計算することもできます。ユニット当たり貢献利益（CPU）は下記の通りです。

CPU＝ユニット当たり売価－ユニット当たり変動費

それは，製品の1ユニット当たりの売価を求め，そしてそれから製品1ユニット当たりの製造にかかる全ての変動費を差し引くことでユニット当たりの貢献利益を求めることができます。

損益分岐点（BEP）

損益分岐点とは，そこで会社の損益が0となるという製品の数量です。よって，損益分岐点は（固定費を含む）原価の合計を賄うことのできる操業度です。式は以下の通りです。

$$\text{BEP} = \frac{\text{固定費の合計}}{\text{ユニット当たり貢献利益（CPU）}}$$

よって，損益分岐点を超えると，売却された何らかの追加の棚卸資産は利益を生むことになります。損益分岐点を超えて製造され売却される各ユニットは，CPUの金額の利益を生むことになります。生み出される利益の合計は以下の通りです。

損益分岐点を超えた数量×CPU

もし損益分岐点に到達しないならば，会社はまだ固定費を

賄っておらずよって損失を生むことになります。損失の規模は，損益分岐点を下回るユニットの数にCPUを掛けたものとなります。

損益分岐点は前述の式を使うか，あるいは図15のようなグラフを描くことによって求めることができます。

図15　損益分岐点図表

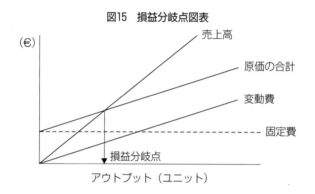

アウトプット（ユニット）

追加の固定費

例えば広告キャンペーンの結果としてもし追加の固定費が生じるならば，損益分岐点に達するまでの追加のユニットの数は以下の通りに計算できます。

$$\frac{追加の固定費}{CPU}$$

例えば，もし会社が雑誌に広告を載せることを望むならば，その広告がそれに値するものであるかを会社は知りたくなるでしょう。広告による追加の原価の発生を正当化するためには，どれだけ多くの追加注文をその広告がもたらすことを必要とするでしょうか？　答えは次の通りです。発生する追加

の原価をCPUによって割って求められる数量。

損益分岐点分析の例：トイコ社

損益分岐点分析の例をここで試してみましょう。トイコ社は人気のある児童の玩具を製造しています。現時点で製品は週当たり最大50の玩具に限られています。経営陣は以下の情報を持っています。

ユニットの売価：40ユーロ
ユニットの変動費：
　　材料費8ユーロ
　　労務費10ユーロ
週当たりの期間費用：
　　賃料と支払利息200ユーロ
　　水道光熱費40ユーロ
　　他の固定費68ユーロ

問題は下記の通りです。

1　損益分岐点を計算します
2　週当たり220ユーロの利益をもしその会社が狙っていたのならば，週当たりどれだけ多くの玩具の製造と売却をその会社は必要としたでしょうか？
3　もしアウトプットが週当たり50の玩具という能力の上限に到達したならば，どれだけ多くの利益をその会社は生むことになったでしょうか？
4　それからその会社は，100ユーロの原価がかかる広告キャンペーンに着手するべきか否かを判断しています。広告活動をそれに値するものにするためにはどれだけ多くの玩具をその会社が売却することを必要とするでしょうか？

これらの問題は下記の通りに回答されます。

1 式を使って損益分岐点を計算します

ユニット当たり貢献利益

＝ユニットの売価－ユニットの変動費

＝40ユーロ－（8＋10）ユーロ

＝40ユーロ－18ユーロ

＝ユニット当たり22ユーロ

$$損益分岐点 = \frac{固定費}{CPU}$$

$$= \frac{200ユーロ + 40ユーロ + 68ユーロ}{22ユーロ}$$

$$= \frac{308ユーロ}{22ユーロ}$$

$$= 14ユニット　（玩具）$$

　要約すると，まず各玩具についてユニット当たり貢献利益を算出します。これはユニット当たり22ユーロです。それからユニットについて損益分岐点を算出するためにCPUを使うことができ，それは14ユニットの玩具です。よってこの会社には固定費を賄うために14ユニットの玩具を製造して売却することが必要です。それは会社が生み出す利益が0の点です。それから損益分岐点を超えて製造され売却されることになる1ユニットそれぞれにつき，会社は棚卸資産当たり22ユーロの利益を生むことになります。

2　もしこの会社が週当たり220ユーロの利益の獲得を狙う
　　ならば，どれだけの玩具を週当たりの合計で製造し売却し
　　なくてはならないでしょうか？

$$損益分岐点 = \frac{固定費 + 目標利益}{ユニット当たり貢献利益}$$

$$= \frac{308ユーロ + 220ユーロ}{22ユーロ}$$

$$= 24ユニット（玩具）$$

　ここでは，固定費に目標利益を加えそしてCPUで割りま
した。固定費を賄うために14ユニットを必要とし，そして目
標利益を生むために更なる10ユニットを必要とします。目標
利益をCPUで割っておくことができます。つまり220ユーロ
÷22ユーロ＝10ユニットです。これら10ユニットを損益分岐
点の数量に加えてください。10＋14＝24ユニット，です。

3　もしアウトプットが能力の上限，つまり週当たり50ユ
　　ニットの玩具，に達したならば，いくらの利益を生むこと
　　になるでしょうか？

　もし製造された数量が損益分岐点を超すならば，すると利
益は以下の通りです。

　　＝損益分岐点を超えたユニット×CPU

　　＝(50－14)×22ユーロ

　　＝36×22ユーロ

　　＝792ユーロ

　この会社のアウトプットの上限は，50ユニットです。50ユ
ニット全てを製造して売却すると仮定すると，損益分岐点を

36ユニット超すことになります。すなわちこれら36ユニットについて，棚卸資産当たり22ユーロのCPUで利益を生むことになります。つまり全てで792ユーロです。

4　原価100ユーロの広告キャンペーンに着手すると決定しました。その広告活動をそれに値するものにするためには，どれだけ多くの玩具を売却する必要があるでしょうか？

　この事例においては広告キャンペーンの結果としてですが，もし追加の固定費が発生するならば，損益分岐点までに必要な追加のユニットの数量は以下の通りです。

$$\frac{追加の固定費}{CPU}$$

$$= \frac{100ユーロ}{22ユーロ}$$

$$= 4.5ユニット$$

$$= 5玩具（切り上げ）$$

　この主体は完成品としてのユニットしか製造できないので，ユニットの数量は5ユニットに切り上げされます。よって広告キャンペーンをそれに値するものとするためには，5ユニット以上の追加注文を受けなければなりません。よってこの会社の能力の上限は，この追加注文によって超えられそうにないという結論になります。

直接費と間接費

　原価を見る他の方法は，いくつかは「直接」（つまり特定

のプロジェクトと密接に関係しうる）であり他のものは「間接」（つまりいくつかのプロジェクトあるいは組織全体に関係する）であるというものです。問題のプロジェクトが，自動車製造であると想像しましょう。いくつかの原価は，製造されている何千もの内の１つの特定の自動車と明らかに関係します。このような原価は，鉄と労働力の金額を含みます。しかし他の原価は，同じ種類の自動車全てに関係します（例えば製造ラインを動かすための水道光熱費あるいは製造に従事する従業員の監督者の給与）。さらに原価は，より広い営業活動にも関係しています（例えば多くの種類の自動車を製造し売却する会社本部を運営するための費用）。

　アウトプットの特定のユニットに直接関係しない原価は，まとめて「コスト・センター」に集められそしてそれから個別のアウトプットのレベルにより近いコスト・センターへと配賦されます。本部の原価は，製造ラインの間で振り分けられます。製造ラインの原価は，そのラインで製造されたユニットの間で振り分けられます。結局，全ての原価はアウトプットたる特定のユニットに配賦できます。するとある意味で，特定の自動車の「原価」は考え方の問題です。様々な間接費の全てが，どのように配賦されるかに依存してくるのです。

活動基準原価計算

　時々，前述の配賦方法には裁量があるように見受けられます。活動基準原価計算（ABC）と呼ばれる他のアプローチ

はよくできています。ABCにおいては，基本となる原価対象は製品のユニットではなく，事象や作業や職務のユニットなどの組織の活動です。そしてこれらの活動の原価は，製品や顧客やサービスに原価を配賦するために使われます。これは図16とボックス16に示されています。

図16　活動基準原価計算の概要

ABCは顕著な原価のドライバーに応じて，どの間接費が変動するのかについての理解を経営者に提供することを狙いとしています。直接労務費の原価に占める割合が小さい場合に，ABCはより有用となりそうです。原価を報告する他の方法が経営者からの信頼を失っている場合には，ABCは有

益かもしれません。

価 格 設 定

　製品の価格設定はミクロ経済学やマーケティング論で検討されるテーマですが，ここでそのテーマについて述べておくべきことが少々あります。競争の激しい市場で特定の製品が売られるのであれば，製品の価格に影響を与える機会は少ししかないかもしれません。この場合，原価をコントロールすることが重要であり，そうすることで利益を生む余地ができます。そのような状況では，会計士は先述した技術を使うことで「目標原価」の確立を支援することができます。もしそうではなくて製品が高度に特化されているならば，その会社には価格設定が重要になってくるかもしれません[2]。この場合には，原価を測定し会社全体として利益を生み出すことを可能にする数パーセントのマージンを加えることによって，会計士は支援をすることができます。これは「コストプラス・プライシング」と呼ばれます。

2　スループット会計を導入するべき場合には，そうでない場合と比べて価格設定は重要となりません。価格設定が常に重要とまでは言い切れないのです。

第8章

マネジメント・コントロール

　第7章では，管理職による意思決定に関わる管理会計の側面を検討しました。この章では，管理職が組織をコントロールするために会計を使ういくつかの方法を見ていきます。とりわけ次の疑問に焦点を当てます。予算はどう機能するのでしょうか，そしてどのように予算は有用なのでしょうか？標準原価とは何であり，製造のコントロールを標準原価はどう支援するのでしょうか？　バランスト・スコアカードはどうコントロールを改善できるのでしょうか？

予算書と予算プロセス

　予算書とは，組織のユニットや組織全体について財務の用語を用いて将来の会計期間に関して収入や支出や現金の動きの計画に着手する詳細な書類です。資本支出についての予算書もありますが（例えば新しい建物について），ここではそれを扱いません。個別の予算書全ては組織を運営することを

助けるシステム全体の一部です。そのようなプロセスは，営利企業において有用であるのと同様に，政府や民間非営利組織においても有用です。続く節では，私たちは例として営利企業を使います。予算プロセスのアウトラインは，ボックス17に示されている通りです。

ボックス17
1　企業の狙いと目標を設定します。
2　選択可能な選択肢を特定します。
3　選択肢を評価しそしてそれらについて意思決定します。
4　これらの意思決定に基づき収益と費用の予測をします。
5　詳細な計画や予算書を作成します。
6　その後に実際に起こることについて情報収集し，そしてコントロールを実施します。

　予算には，２つの主な全体的な目的があります。１番目は，利益を最大化するために企業の中の経済的資源の利用を最適化することです。企業が持つ利用可能な経済的資源は限られているので，最大の利益を生むためにそれらを効果的に使う必要があります。２つ目の目的は，その全体的な戦略的目標を達成することを支援することです。例えば25パーセント市場占有率を上昇させようと試みるという決定をするかもしれません。あるいは10パーセント原価を削減したいかもしれません。ここで私たちは予算の６つの側面を見ていきます。計画，動機付け，委任，コミュニケーション・調整，管理，そして業績評価です。

計　　画

　会社は将来に向けて計画を立てる必要があります。予算プロセスに関わることで，管理職はこれをするよう強いられます。予算プロセスなくしては，管理職は彼らのルーチンの仕事を実施するのみかもしれず，するとやがて危機管理が必要となります。管理職に将来を考えさせることで，管理職は問題を予見しそしてそれらが起こることを避けるためにより良い状態となります。

動 機 付 け

　予算書は全ての階級の従業員に目標をもたらし，そしてその結果として目指すべき何らかのものを提供します。営業チームは，月末や年末までに達成すべき営業目標を持つことになり，営業目標は手数料や賞与に連動するかもしれません。製造部門は，それから特定の棚卸資産を予算に合致した数量で製造しなくてはならなくなります。製造部門の原価削減の努力も賞与のスキームと連動するかもしれません。人々に達成可能な目標を提供することともしかすると賞与のスキームを提供することとは従業員の間での望ましい行動パターンを作ることを助けるかもしれません。しかし目標が達成可能で現実的かつ従業員が予算プロセスに参加していた場合にのみこれは実現可能です。これは，システムへの従業員の反応を考慮しなくてはならないという予算の「行動問題」の側面の一つです。

委　　任

　予算書は，細分化された予算書により下の階級の管理職と従業員への責任の譲渡を可能にします。製造担当取締役は全体としての製造の狙いは何か知りたくなるでしょう。そして細分化された予算書は，適切な製造における管理職が誰であるかを製造担当取締役が知ることを可能にし，その後適切な製造における監督者が誰であるかを当該管理職に知らせることでしょう。よって予算書は，一連の指揮系統において責任の譲渡を可能にします。それは最下位の従業員に対してさえもそうです。前の段落で各階級の従業員が関わるべきだと指摘しました。その関わり方には，当初の目標が不可能だったり不合理だったりすることの指摘が含まれます。

コミュニケーション・調整

　予算書は企業内の部門間や従業員間でのよりよいコミュニケーションと調整を促進します。各管理職は細分化された予算書を作り，そして細分化された予算書は全体としての予算書の基礎を形成します。全管理職（予算の保有者）が全体としての予算書を閲覧できるので，お互いに同僚のニーズを理解することになります。全ての細分化された予算書は，相互に関係しています。当初の予算書は売上高の予算書かもしれません。製造の予算書からたどっていくと，製造の予算書，それから材料の使用の予算書，などに至ります。よって製造部門は営業部門のニーズを理解することになります。購買部門は製造部門のニーズを理解することになります。理解の連鎖がまさにこれです。結果として予算は，異なる部門の間で

のよりよいコミュニケーションと調整を目指すことになります。

管　　理

　一旦企業が予算書を作ったならば，予算書は管理目的で使えます。当該会計期間の期末において，企業は見積もり収入と支出と実際に起こったこととを比較することができます。企業は各月末にこれを実施する傾向にあります。この時点で，管理会計士は比較目的での予算における数値とともに実際の月次の数値を送付します[1]。予算における数値と実際の数値との何らかの違いは，差異と呼ばれます。そしてこの比較方法は「差異分析」と呼ばれ，特定の製品についてさらに論じられます。管理職はその違い（差異）を調査して，原因を特定する必要があります。原因には元々の見積もりが雑な考察によっており，そして不正確に計算されていたというものが含まれるかもしれません。あるいは材料の浪費が原因としてありうるかもしれません。

　差異の背後にある原因を一旦特定したならば，企業はそのような差異について是正措置を採るというよりよい状況にあります。前述したように，考慮されるべき様々な側面の従業員の行動があります。例えば，各年度末に旅費の予算書における未消費の部分が取り上げられるならば，年度末近くに不要な出張をすることを従業員は試みることになります[2]。そ

1　国によっては管理会計士という職業があります。日本で受験可
　　能なものとしては，アメリカの公認管理会計士があります。
2　原文でも断定的に語られています。原著をシリーズに収録した

れは従業員が旅を好むか，あるいはもし現在の予算書が未消費であれば，その従業員は次年度の予算書では減額されることになるということを恐れるからです。

業績評価

予算書は従業員の業績を測定するための有用な道具です。例えば営業チームがその目標をどれだけ上手く達成しているのか見るために，予算書を使うことができます。どれだけ上手く従業員が仕事をこなしているのかを見るために実際の結果を予算上の数値と比較できます。また，誰が昇進を勝ち取るのかを決定するための従業員の評価に使われえます。しかし業績の多くの側面は，貨幣的には容易に測定できないと意識しておくことは重要です。従業員や組織全体の業績を査定するために，企業は一連の「重要業績評価指標」（KPI）を使うことができます。この章の最後の節で説明される通り，KPIのいくつかは非財務です。

キャッシュ・フロー予測と予算書の構築

ここでは現金の予算について単純だけれども重要な例を見てみましょう。ほとんど全ての活動が現金に影響することになるので，他の全ての予算書が起草された後でのみこれは適切になされえます。通常のこととして，管理会計士は予測から始め，それから計画（予算書）に移らなくてはなりません。

オックスフォード大学ではキリスト教神学が盛んであり，聖公会を含む西方教会は東洋で言う性悪説に立っています。

現金予測における時間の長さは1年間とする傾向があり，1か月単位の12の期間に分解される傾向があります。しかし企業によっては数年間に渡って現金の予測をすることもあります。現金の予測には3つの区分があります。

冒頭の区分：キャッシュ・インフローあるいは回収
中間の区分：キャッシュ・アウトフローあるいは支払
最後の区分：期末の残高

これらをより詳細に見てみましょう。

冒頭の区分

典型的なキャッシュ・インフローは次のものを含みます。現金での売上高，信用による売上と新株発行と借入によって受け取った現金。第3章で検討した通り，売上高は現金ベースまたは信用ベースたりえます。最初の種類であれば現金は直ちに受領されることになり，一方で信用による売上からの現金は期間を超えて入ってくることになります。例えば1月になされた信用による売上からの現金は2月に受領されるかもしれない，などです。もし信用の条件が30日間であれば，信用での売上の全てが期日通りに受領されることになると仮定するかもしれません。しかし実務においては，信用による売上からのいくらかの現金はより早く受領され，一方で他の部分は60日より後や90日より後あるいはさらにはより後に入ってくるかもしれません。さらに，決して支払わないかもしれない顧客も考慮する必要があります。各月の詳細なキャッシュ・インフローが一旦見積もられたならば，キャッシュ・インフローの合計額を算出するべくそれらは合算され

ます。

中間の区分

　この節ではキャッシュ・アウトフロー（支払）全てを扱います。典型的なキャッシュ・アウトフローに含まれるものをボックス18で示します。

ボックス18
- 通信費や水道光熱費のようなサービスへの支払
- 商品の仕入先への支払
- 固定資産を買うための支払
- 配当の支払
- 借入金の返済
- 税の支払

　やはり，何らかのキャッシュ・アウトフローが生じる時期を見積もることは重要です。もし仕入先が支払について30日間の信用払いを認めたならば，キャッシュ・フローの予測にこれは反映されなくてはなりません。もし会社が1月に商品を受け取りそして30日間の支払猶予期間があるならば，認められた信用を使い2月に仕入先に支払うでしょう。詳細なキャッシュ・アウトフローが一旦見積もられたならば，合計額を算定するために各月のものを合算することができます。これは正味キャッシュ・インフローの計算を可能にします。

　　　正味キャッシュ・インフロー

　　＝（キャッシュ・インフロー）

　　－（キャッシュ・アウトフロー）

最後の区分

　キャッシュ・フロー計算書の最後の区分は全ての残高を扱います。最初の項目は各月における期首の現金残高です。新しい企業については，期首残高は0となるでしょう。以前からの企業については，前月の期末の現金残高が繰り越されます。つまり前月の期末の残高は今月の期首残高です。ここで，最後の区分の例を説明とともに以下に示します。

	1月	2月	3月
期首残高	0	400	− 200
正味キャッシュ・インフロー	400	− 600	350
期末残高	400	− 200	150

1月：期首残高0ユーロに正味キャッシュ・インフロー400ユーロを足すとその月の期末残高400ユーロに等しくなります。1月の期末残高は2月の期首残高です。

2月：期首残高400ユーロに正味キャッシュ・インフロー−600ユーロを足すと期末残高−200ユーロに等しくなります。2月の期末残高は3月の期首残高です。

3月：期首残高−200ユーロに正味キャッシュ・インフロー350ユーロを足すと期末残高150ユーロに等しくなります。

　ここで2月末の残高を再び見てみましょう。これは何を意味するでしょうか？

　当然ですが，普通は銀行残高がマイナスの状態はあり得ないことです。銀行と借越契約を結んでいれば，マイナス残高もあり得ますが，これは高くつきます。管理会計士は予測に伴うこの問題を知らせるべきであり，そして支払を遅らせたり回収を早めたり費用の安い借入金の準備をするための手続を取るべきです。それから管理会計士は予測を修正してそれ

を「予算書」にします。

弾力性予算とゼロベース予算

　予算書全てがお互いに結び付いているという前提において，社内の他の場所での事象により古びたものになりえます。先の１年間について月ベースで作成された現金の予算書や材料の使用についての予算書を考えてみましょう。年度の最初の月に期待されたよりもかなり製造と売上が高くそしてこれは続きそうだ，と想像してください。すると，あたかも当初計画された数量となったかのように使われた材料や入ってくる現金や出ていく現金を評価することはあまり意味がないことになりそうです。予算書は縮小と拡大が可能である必要があります。そうすることで会社中の管理職は公正に査定されえます。これは「弾力性予算」によって達成されます。

　会計期間の予算書を決定する際に最も早く最も簡単なアプローチは，前期の予算書を予測されたインフレーションと予測された何らかの主要な変動について調整しながら，前期の予算書から始めることです。しかしもし組織が何年間もそれを実施し続けてきたならば，特定の活動は本当に必要かそしていくつかの活動はより安価か完全に異なった仕方で実施されうるか，自問自答することを忘れるかもしれません。結論として，「ゼロベース予算」について，管理職は毎年度組み立てから始めるべきだということを要求をするとよいという議論があります。

標準原価計算

　特定の種類の製品の生産に，詳細な次元で予算の概念を適用することができます。これは「標準原価」の計算に関係してきます。これをすることで管理会計士は過去と現在と将来の原価を見ます。管理会計士は購買部門に話をし，そして原材料などの将来の何らかの価格上昇を予見しようと試みることでしょう。購買部門は会社の仕入先が何をしているかについてよりよい知識を持つことでしょう。管理会計士は，給与水準に何らかの上昇がありそうにないかどうかを人事部に相談することもできるでしょう。

　原価の変動を予見して予算プロセスにそれらを組み込むことが作業の狙いです。そのようにもし原価が変化するというのであれば，少なくともコントロールのシステムはより厳密になります。会計士によって使われうるいくつかの次元の標準があります。一つは「理想標準」，そして他の一つは「現実的標準」と呼ばれます。

理想標準と現実的標準

　操業度は最大限の効率性に達することになりそして無駄がなくストライキがなく棚卸資産の不足がないなどということになる，と理想標準は仮定します。結果として，何らかの問題に対しての余裕がありません。しかし実際には最大水準の操業度は到底ありそうにありません。実務においては，仕入れ先である会社が閉業することもあり得ます。従業員は出勤してこないかもしれません。このようなことは他にもありえ

ます。よって標準の次の次元では，これらの問題を考慮に入れます。この現実的標準は，企業が現実的に達成しうる原価を基準とします。会計士は，機械の故障や配送の停止などのいくらかの余地を提供することになります。

標準原価を計算することになる共通の項目

　標準原価が確立される共通の項目が３つあります。材料費と労務費と間接費です。ここで材料費の例をとってみましょう。特定の製造作業についてキログラム当たり4.50ユーロの原価となるであろう５キログラムの材料を使うと製造部門は予測している，と想定しましょう。また，時間当たり６ユーロの支払となる非熟練労働力６時間を各製品に必要とする，と会計士は気づいています。すると予算を引き出すことになりそして現実の製造が標準に合致するか否かを見ることになる標準原価があります。この比較は差異分析と呼ばれます。

　差異分析において，現実のデータと予算におけるデータ（標準原価）とを比較します。差異分析とは詳細な調査のために何らかの差異をそれらの構成要素に分解するプロセスです。そして，原価をコントロールするために使われる技術です。材料の標準原価を現実に利用した材料についてのデータと比較するには，特定可能な材料費差異が２種類あります。材料受入価格差異と材料消費数量差異です。

　材料受入価格差異とは，企業が現実に材料に支払ったものと企業が（管理会計士によって予測された標準価格によれば）支払っておくはずだったものとの差額です。この差異は下記の通りに計算されます。

（実際価格−標準価格）×実際数量

　材料消費数量差異とは実際に消費された数量と消費されるはずだった数量の差額です。これは以下の通りです。

　（実際数量−標準数量）×標準価格

　全体として以下の式に私たちは到達します。

　材料費差異の合計額

　＝実際材料費−標準材料費

　＝（実際価格×実際数量）−（標準価格×標準数量）

　＝材料価格差異＋材料消費量差異

数　値　例

　次のように確立された標準原価となっている特定の材料を会社が使うと想像してください。標準価格＝kg当たり12ユーロであり標準消費数量＝24kgです。

　実務においては次のことが起こります。実際原価＝kg当たり10ユーロそして実際消費数量＝28kg。

　(a)材料価格差異と(b)材料消費量差異と(c)材料費差異の合計をここで計算してみましょう。

　材料価格差異

　＝（実際価格−標準価格）×実際数量

　＝（10ユーロ−12ユーロ）×28

　＝２ユーロ×28

　＝56ユーロ（F）

　何らかの削減は望ましいので，マイナス符号を差異分析で使うことは通常ではありません。いったん会計士が差異を計算したならば，その差異が企業にとって有利（F）か不利

（U）かを考える必要があります。会社によっては不利という単語の代わりに「逆」（A）という単語を使います。今回の場合には，材料について予測していたよりも少額の支払をしましたので差異は有利です。

材料消費差異

＝（実際数量－標準数量）×標準価格

＝（28kg－24kg）×kg当たり12ユーロ

＝4×12ユーロ

＝48ユーロ（U）

差異を貨幣数値で表現するために，会計士は標準価格を掛けます。もし括弧内の数値が既に貨幣額で表現されているならば，実際数量で掛けることになります（材料価格差異を参照）。

材料費差異の合計

＝実際材料費－標準材料費

＝（実際価格×実際数量）引く（標準価格×標準数量）

＝（10ユーロ×28）－（12ユーロ×24）

＝280ユーロ－288ユーロ

＝8ユーロ（F）

以下を確認しましょう。

材料価格＋材料消費量

＝56ユーロ（F）－48ユーロ（U）

＝8ユーロ（F）

その会社は価格の側面では56ユーロ上手くいきましたが，消費量の側面では48ユーロ悪かったのです。よって全体としての正味の効果は標準より8ユーロ上手くいったというもの

です。

　ここで全体としての材料費差異を説明しましょう。なぜその会社は予測したよりも8ユーロ上手くいったのでしょうか？　元々のデータを見ると，キログラム当たりの材料について予測されたよりも2ユーロ少額の支払をしました。その会社は企業努力により安価な材料を消費したとそのことは含意するかもしれません。消費量の側面では，その会社は24キログラム消費するはずでしたが，結局28キログラムの消費となりました。より安価な材料をその会社は使ったのでより多くの無駄が生じたかもしれず，するとなぜより多くの材料が消費されたかの説明になります。しかし安価な価格という利点は，消費した材料の数量という欠点に勝ります。

　なぜその会社はより安価な材料の使用という結論になったのでしょうか？　それはこれがその時点で利用可能な唯一の材料だったからでしょうか？　このことは，管理職が将来の計画を立てることを可能にするかもしれないものであり詳細に見るべきものです。同じアプローチを労務費と間接費に対しても採ることができます。

バランスト・スコアカード

　重要業績評価指標という概念を先述しました。そのいくつかは，非財務の指標です。「バランスト・スコアカード」と呼ばれる計画のためのこのアプローチのあるバージョンは追加的に3つの視点に関わります。顧客の満足の維持，よき内部プロセス・目標を持つこと，そして学習と成長の達成です。

これらの視点は財務と工場での労災の数や温暖化ガス排出量などの他の測定値との混成物によって評価されます。長期の戦略目標に到達するために各会計期間に達成されなくてはならない決定的な成功要因をそのプロセスは特定します。図17はバランスト・スコアカードの利用の例を示しています。

図17　バランスト・スコアカードの４つの視点の利用

バランスト・スコアカードの視点	10の市場の力（対象）	GRI測定値：トリプル・ボトム・ライン（持続可能性報告のための普及した枠組み）を使うと成功や失敗はどのように測定されるか	目標：要求される経営成績の水準や改善の割合
財務	「環境重視の」顧客	主要な製品についてのエネルギー消費のフットプリント（生涯にわたっての年度別に必要とされるエネルギー）	新しい製品についてのエネルギーのフットプリントの毎年度の削減
財務	エネルギー危機	エネルギー源別に分類された直接のエネルギーの使用	100％の再生エネルギー
財務	財務	期末における留保利益の増減	パーセント
内部	汚染と健康	標準的な負傷と損失日数と欠席率そして職務関係での事故死の件数（下請の企業を含む）	損失時間における事故での死傷者や長期の病気が０であること

内部	気候変動	温室効果ガス排出量の合計	毎年度の削減
内部	政府と規制当局	あらゆる法律と規制に準拠しなかったことでの不祥事と罰金	不祥事や罰金が0であること
人々と知識	市民社会・NGO	発展途上国現地の人々のニーズに焦点を当てた政策と手引きと手続	発展途上国現地の従業員の数
人々と知識	モノ言う株主	保護されているか敏感な領域かその周辺で現在活動している企業のユニットや計画されている営業活動	環境経営実践を教育された従業員の数
顧客	信用・透明性の毀損	児童労働者を全廃する政策	児童労働者がいないこと
顧客	グローバリゼーションへの批判	環境への関与に関する仕入先の経営成績	有機の綿やコーヒーの使用100%

おわりに

　この書籍の各章はその章が焦点を当てたいくつかの疑問で始めました。ここでは会計学全体の概観をつかみいくつかの高度な疑問を見ていきましょう。

それでは世界史において会計はまさにどのくらい重要だったのでしょうか？

　ここから読み始めたこの書籍の読者であれば，上記の疑問は法外で過度で利己的に見えることでしょう。資格を有する会計士で会計学の教授で会計基準設定主体の元一員の著者からの疑問となれば特にです。しかし最初から読み始めてくれた読者は，記帳の必要性は数値と文章の発展に関係していたと先行研究が示している，と覚えているでしょう。さらに政府に由来する全てのよいこと（と悪いこと）は会計の上に横たわっている税務にかかっているのです。

　もちろん非常に強く主張することが可能です。19世紀には

何名かの執筆者が複式簿記（DEB）の発明が資本主義の勃興を招いたと主張しました。しかしこの発想には多くの問題があります。(i) 所有者の請求権はDEBなくしても記録可能であり損益はDEBなくしても計算可能です。(ii) 19世紀までずっと，DEBを利用する人々は年次の損益をめったに計算しませんでした。そして(iii) 起業家についての重要な疑問の多く（第7章と第8章の疑問など）はDEBに焦点を当てません。

　それでもやはり何らかの洗練された記帳システムが大規模で複雑な国際的組織には必要だということは明らかです。DEBはこの機能にもよく役立ち，それがなぜ徐々に世界中でほかのシステムに置き換わったのかという理由です。その上，そのアウトプットを外部からの資金調達での資金提供者に情報を与えるために使うことができ，そしておそらくDEBが最も適合したものであるために実務においてDEBは全ての代替物の中を生き残りました。

会計学はどのくらい厳密に科学なのでしょうか？

　もし上記の疑問が名門大学の試験で出題されたならば，まずは会計学は全く科学ではないと疑いながら，受験者はこの問題に喜んで切り込んでいくことを望むでしょう。複式簿記（DEB）は技術的工芸品として表現するのが適切かもしれませんが，文明世界は配管工事や靴作りといった技能のおかげで成り立っていることを人は思い出します。DEBからの情報の利用はもしかすると一連の技術か技術的な芸術作品か

もしれません。それは財務報告と管理会計のことです。これらの芸術作品は膨大な判断に関係します。事務所の建物などの非常にはっきりとした資産にすら様々なありうる価値があります。歴史的原価と減価償却済みの歴史的原価と現在の再調達原価と正味実現可能価額と割引済み期待正味キャッシュ・インフローなどです。会計士は異なった目的には異なった数値を使いそしてこれは国によって異なりました。異なる測定値が使われているものの，それでもやはり合算される多くの数値を貸借対照表は含みます。どちらかというとはっきりした数値（売上高や給与など）をいくらかの困難のある見積もりや予測可能な未来において，現金を期待できないいくらかの利得（投資目的不動産の価値の上昇など）やいくらかの豪快な推定値（のれんの減損など）と組み合わせることで損益は計算されます。

もし外部者ならば会計に頼れますか？

　前の疑問への回答を前提として，外部者（銀行や株主など）は注意深くある必要が明らかにあります。公表される財務諸表は多くの見積もりに頼っており，そしてそれらはある意味でマーケティングの書類です。会社はあなたの現金を欲しています。歴史には悪い報告の派手な例がいっぱいです。それでもやはり物事は改善されました。今日では何がディスクロージャーされるべきで，そしてどのように測定されるべきかについて非常に詳細なルールがあります。特にこの千年間，モニタリングと強制は世界中で強化されました。少なく

ともいくつかの国々では，取締役は悪い会計から切り離され，そして監査人はおそらく訴訟と規制当局を恐れています。全くの誤解を招く会計の例（2001年のエンロンなど）があるように，公開された情報を適切に組み込めない市場の例（2008年のその倒産に至るまでのゼネラル・モーターズの継続的な損失など）はおそらくより多くあることでしょう。

会計は世界的金融危機の原因でしたか？

　この疑問への単純な回答は，いいえです。あまりに多くの人々があまりに多くの現金を借りていました。いくらかの場合には，現金は買い手が理解している資産に費やされました（スペインの住宅など）。他の場合には，買い手は理解していませんでした（アメリカの様々なデリバティブなど）。不合理な繁盛は結果的に崩壊を招きました。

　「公正価値」（現在の市場価格）をあまりに多く使っているとして会計を非難する人々もいますが，古びた数値の報告によってどう市場がよりよく機能するのかを見るのは困難です。もちろん，売却されることにはならない資産の市場価値の下落を報告することはよりはっきりした損失から分離されることが必要です。長期の売掛金の価値評価となると，発生したときに損失の会計処理をするのみであるよりもむしろ生涯での損失を予測する試みについての議論があります。私が（2013年に）執筆している通り，基準設定主体はまだその問題と格闘しています[1]。

それでは，財務報告はそれがなりうるのとほぼ同程度に良いのでしょうか？

　国際的な背景において，前の10年間で差異は大幅に削減されました。これはフランスの投資家がアメリカの会社を評価したり，イギリスの多国籍企業がブラジルの子会社を評価したり連結することを助けます。

　改善はまだ必要です。なぜ2つの損益計算書があるのかを基準設定主体は説明することができません（純利益・純損失そしてその他包括利益）。ほとんどのリースはまだ（2014年には）負債として認識されていません[2]。ルールが起草されてから何十年もした後も保険会社の報告はほとんど規制されていません[3]。

私たちは監査人を信頼できますか？　「誰が見張りを見張るのか？」[4]

　監査について懸念となるいくつかの事項が確かにあります。イギリスの上場会社の背景で見てみましょう。実務において監査法人はおおむね，通常は元監査人であり時として選ばれる監査法人出身である会社の財務担当取締役によって選ばれ

1　本書の原著とは別の文献をノーベス教授は2013年に発表しています。
2　2021年現在，ほとんどのリースから負債が計上されます。
3　2021年現在，IFRS第17号が発表済みであり近い内に準拠が義務化されます。
4　ラテン語の格言です。

ます。会社の株主のために監査人は働いていると考えられるにもかかわらず，監査人は一般的には会社について「クライアント」として言及します。監査人はしばしば「クライアント」のために非監査業務を実施し，その結果監査法人は「クライアント」を動揺させることを望まなくなります。そして，監査法人が何十年間もその場所にとどまりうるという問題があります。大規模な上場会社がその監査人を変更する際には，その会社はビッグ4の法人の中から他の法人への切り替えをします。ビッグ4はトップ100の会社（そしてさらにはトップ250の会社）のほぼ全てを監査しています。会社が倒産するときに「どこに監査人はいたのか？」という疑問の中に怒りがあることは驚くべきことではありません。

しかしいくつかの進歩がありました。監査人に許される非監査業務の種類は限定されるようになりました。監査人に支払われる報酬のディスクロージャーが要求されるようになりました。監査法人の交代はしない場合でさえ監査の任に当たるパートナーは交代するようになりました。パートナーが「職業的懐疑心」の年次での証拠を作成するように監査法人は要求するようになりました。より厳格な独立性のルールが強制されるようになりました。そして規制当局はより介入をするようになりました。

ビッグ4による独占は驚くべきことではありません。監査法人のクライアントが国際的に営業活動をしているので世界中で営業活動をするためには監査法人は大きくある必要があるのです。研修とテクノロジーへの大きな投資がなくてはなりません。大きな上場会社は最高品質の監査に満たない何ら

かの情報開示をするリスクを引き受けられませんので，彼らはビッグ4を使わなくてはならないと感じています。しかし独占には警戒しなくてはなりません。独占は競争に反しているように見えるのです。多くの大規模な取引（買収合戦など）においては4つの監査法人の全てが何らかの能力を割いて関与していますので高度の独立性のある助言は見出し難い，という実務的な問題もあります。アメリカとEUの規制当局がかつてのビッグ8が合併の結果としてビッグ5になることを許すべきではなかったことは明らかです。アンダーセンがそのクライアントたるエンロンの2001年の倒産に続いて倒産したことがこれに続きました。これらの事象は残るビッグ4に，多くの改善をして監査人の統制の強化を導くという形で衝撃を与えました。しかし次のような迷いが生まれます。今日規制当局は注意深く事を運ばなくてはならないのでしょうか？　規制当局は他の監査法人が倒産し，その結果ビッグ3のみとやっていかなくてはならなくなることを許容（あるいは促進）できるでしょうか？

管理職は彼ら自身の会計に頼ることができるでしょうか？

　管理職は外部者に誤解を与えるほどには彼ら自身に誤解を与えそうにないかもしれません。しかしながら，ある管理職が他の管理職を誤解させようと試みるかもしれません。それにもかかわらず全体として管理会計の論点はうまく設定されていません。もし管理会計システムが誤ったことを測定する

ならば，管理職の努力は的外れとなるでしょう。例としては，もし銀行が貸し付けた合計金額に応じて報酬を受けるならば，銀行は人々に彼らが返済することになるかどうかにかかわらず貸し付けるでしょう。管理会計の歴史についての最も有名な書籍は『レレバンス・ロスト』というタイトルであり，その中で著者は管理会計は1920年代以来大きく変化せずそして管理会計は現代のハイテクで変化の激しい世界よりも重工業により合致したものになっていると批判しています。

予算のコントロールについての多くの問題が不適切なインセンティブと関係します。「私は今年度の予算を出張に費やさなくてはならず，さもなくば次年度の予算は削減されるかもしれない。」しかしこれらの問題はよく理解されるようになってきています。管理会計は古い発想から抜け出そうと苦戦するかもしれないとはいえ，何らかの特定の企業における管理会計は古い法律と基準の制約なしに設計できます。

関 連 資 料

第2章：会計の国際的発展

A History of Financial Accounting by J. R. Edwards（Routledge, 1989）.

Double Entry : How the Merchants of Venice Shaped the Modern World-and How their Invention Could Make or Break the Planet by Jane Gleeson-White（Allen and Unwin, 2011）（J. G. ホワイト, 川添節子訳『バランスシートで読み解く世界経済史』日経BP社, 2014年）.

第3章：財務会計の基礎
第4章：上場会社の財務報告

Financial Accounting and Reporting : A Global Perspective by M. Lebas, H. Stolowy, and Y. Ding（Cengage Learning, 2013）.

Financial Accounting : An International Introduction by D. Alexander and C. Nobes（Prentice Hall, 2013）.

Company Valuation under IFRS by N.Antill and K. Lee（Harriman House, 2008）.

第5章：国家間差異と標準化

Comparative International Accounting by C. Nobes and R. H. Parker（Prentice Hall, 2012）.

Financial Reporting and Global Capital Markets : A History of the International Accounting Standards Committee, 1973－2000 by K.

Camfferman and S. A. Zeff（Oxford University Press，2007）．

The Economics and Politics of Accounting : International Perspectives on Research Trends, Policy and Practice by C. Leuz，D. Pfaff， and A. Hopwood（Oxford University Press，2004）．

第6章：規制と監査

Contemporary Issues in Accounting Regulation by S. McLeay and A. Riccaboni（Kluwer，2001）．

The Audit Society : Rituals of Verification by Michael Power（Oxford University Press，1999）（M. パワー，國部克彦・堀口真司訳『監査社会―検証の儀式化―』東洋経済新報社，2003年）．

第7章：内部的意思決定
第8章：マネジメント・コントロール

Introduction to Management Accounting by A. Bhimani，C. T. Horngren，G. L. Sundem，W. O. Stratton，D. Burgstahler，and J. Schatzberg（Pearson，2012）．

Relevance Lost : The Rise and Fall of Management Accounting by H. T. Johnson and R. S. Kaplan（Harvard Business School Press，1991）（H. T. ジョンソン・R. S. キャプラン，鳥羽宏史訳『レレバンス・ロスト―管理会計の盛衰―』白桃書房，1992年）．

重要用語集

　この用語集は，国際会計基準審議会（IASB）によって使われている種類の英語で一義的には書かれています[1]。アメリカ英語への相互参照があるものの，この英語はおおむねイギリス英語です。

会計方針：accounting policies
法律や会計基準や商慣行によって一般に認められた方法の中から特定の会社が選択した表示と認識と測定の詳細な方法。

会計基準：accounting standards
プライベート・セクターの委員会によって設定された通りの財務報告の技術的な会計ルール。

会計における発生主義：accrual basis of accounting
現金の支払や収入のあった会計期間よりむしろ費用や収益のあった会計期間に関心を払う実務。発生主義はキャッシュ・フロー計算書を除く全ての財務諸表に使われます。

活動基準原価計算（ABC）：activity-based costing
旧来はしばしば間接とみなされていた費用のできるだけ多くを特定

1　IASBが使う英語は，アメリカ英語でないのみならずイギリス英語とも厳密には異なります。

の製造活動に結び付ける実務。

資　　産：asset
IASBによると：過去の事象の結果として主体によって支配された資源であり，それから将来の経済的便益がその主体に流入すると予想されています。その主体にはその資産を所有する必要はありません。

貸借対照表：balance sheet
最も分かりやすいものとしては会計年度の期末である特定の時点における企業の資産と負債と持分についての会計記録の反映。IASBは「財政状態計算書」という用語を代わりに採用しました。

予算コントロール：budgetary control
その企業の一部についての詳細で貨幣的に数量化された計画を確立し，それからその計画と比較される後続の経営成績に照らして活動を見直して調整することで主体に対して財務コントロールが行使されるプロセス。

包 括 利 益：comprehensive income
純損益に記録された収益と費用に限定されない，ある会計期間について記録された全ての収益と費用。

創造的会計：creative accounting
ある主体についてのより都合のよい表示をするための財務報告のルールの拡大解釈。

貸　　方：credit
簿記という背景においては，2種類の記帳の1つであり，この場合には負債や持分や収益の増加を表しあるいは資産や費用の減少を表す。

流動資産と流動負債：current assets and liabilities
企業での継続利用が意図されていないか1年以内に現金で受け取られるか支払われると予測される貸借対照表上の項目。

借　　方：debit
簿記という背景においては，2種類の記帳の1つであり，この場合には資産や費用の増加を表しあるいは負債や持分や収益の減少を表す。

稼得利益：earnings
普通株主（イギリスではordinary shareholders）・普通株主（アメリカではcommon stockholders）に配当可能な利益の金額を意味する会計学のテクニカル・ターム。それは，配当可能な利益とは全ての営業費用と支払利息と税と優先株式への配当を差し引いた利益や損失ということです。「稼得利益」はその他法の包括利益を含みません。

公正価値：fair value
市場において資産が売却されうるあるいは負債が決済されうる価格。

FIFO（先入先出法）：FIFO（first-in, first-out）
棚卸資産の一部として最初に受け入れられるユニットは使い切られるか売却される最初のユニットである，という（会計目的での）仮定。これは最も最近のユニットはその期末に残っているユニットとみなされるということを意味します。

ファイナンス・リース：finance lease
リースにおける借り手に資産の実質的に全てのリスクと見返りを移転する契約。

の　れ　ん：goodwill
買収の日付において会社の純資産の公正価値を超過してその会社に支払われる金額。

減　　損：impairment
予期しない事象による資産の価値の下落。

負　　債：liabilities
過去の事象から生じ，その決済は資源（通常は現金）のアウトフローを結果すると予測される，主体の現在の債務。それらは偶発債務を含みます。

LIFO（後入先出法）：LIFO（last-in, first-out）
棚卸資産の一部として最も最近に受け入れられるユニットは使い切られるか売却される最初のユニットである，という（会計目的でのみの）仮定。これは最も古いユニットはその期末に残っているユニットとみなされるということを意味します。

正味実現可能価値（NRV）：net realizable value
資産の売却によって獲得しうる金額から売上原価とその資産を売却可能な状態にするための何らかの原価を引いたもの。

オフ・バランス・シート金融：off-balance sheet finance
その貸借対照表に記録されない主体の債務。オフ・バランス・シート金融の重要な例の１つは資産と負債として扱われない何らかのリース（オペレーティング・リース）の存在です。

その他の包括利益（OCI）：other comprehensive income
純損益から除外される様々な利得と損失。例にはいくつかの資産についての再評価における利得を含みます。

間 接 費：overhead costs
製品のユニットや特定の単独の製品を製造するプロセスに結び付けた追跡ができない企業の費用。

偶 発 債 務：provision
時間または金額の確定性がない負債。しかしイギリスではその単語はまた資産の価値に対する引当金も意味します。これを準備金と対比しましょう。

回収可能額：recoverable amount
資産の割引キャッシュ・フローと正味売却価格の内のより高い方。IFRSの下ではこの金額は減損される資産の測定値として用いられる。

準 備 金：reserves
配当されていない利得を表すイギリスとIFRSの用語。これらは累積した利益と再評価額を含みます。アメリカの用語には同等物がありません。準備金は引当金から区別されるべきです。準備金は株主

に帰属しそして資本金も含む株主持分の合計の一部です。アメリカ
の会計士その他は「不良債権準備金」（減損を意味する）や「年金
準備金」（引当金を意味する）について語ります。

真実かつ公正な外観：true and fair view
イギリスと（イギリス）連邦とヨーロッパ連合において会社の財務
諸表の表示についての上層にある法的要求。IFRSやアメリカでの
最も近い同等物は「公正な表示」です。

粉　　飾：window dressing
さもなくば財務省表がそうなるよりもよりよく（もしかするとより
悪く）財務諸表を見せかけるための財務諸表の数値の操作。

ゼロベース予算：zero-base budgeting
各年度において組み立てからの開始を行う予算コントロールのシス
テム。

索　引

訳者あとがき

　訳者が『ノーベス会計学入門』の翻訳をした動機は，国際的に広く読まれている会計学の入門者向け教科書の和訳を特に学部生や院生に提供することにあります。もちろん会計学に関心を持つ社会人への提供も訳者の視野に入っています。ここ10年以上こうした和訳は発行されていませんでした。さらにノーベス教授は財務会計と管理会計の双方を解説しているため，どちらかのみを解説する教科書よりも広い範囲の読者にお使いいただけます。国際的に広く読まれている会計学の教科書ですから，ほぼ必然的にIFRSやUS GAAPの影響を強く受けたものとなります。

　入門者のみでなく会計学者や会計プロフェッションを中心とする実務家も読者となるでしょう。IFRSについては日本の会計学者の間では反対が強いことは訳者も存じています。特に公正価値についてはノーベス教授の見解に不満な会計学者も日本には多いかもしれません。しかし，学生や学生に教科書を解説する教員がIFRSに賛成であっても反対であって

も国際的な通説を叩き台にすることは会計学への理解を深める上で有益です。一方で実務においては日本経済を牽引している企業によるIFRSの任意適用が多々見受けられますので，実務家にとって『ノーベス会計学入門』は実務への理解を深めるための書籍としてお使いいただけます。

　訳者自身は『ノーベス会計学入門』の内容にかなり賛成しています。ノーベス教授は様々な言語を駆使しており，会計学を学ぶためにも外国語を学習するという意欲を学部生や院生に与えてくれるかもしれません。また，ノーベス先生が複式簿記についても関心を払っていたり会計史と近年の動向の双方に触れていたりすることは，入門段階の知識は習得しているはずの会計学者にとっても見習うべき点でしょう。

　『ノーベス会計学入門』は主に企業会計を扱っていますが，公会計や民間非営利組織会計もノーベス教授の視野に入っています。そのため，企業で働こうと考えている学部生や院生のみならず，政府機関や民間非営利組織で働こうと考えている学部生や院生にも通用する書籍となっています。

　ノーベス教授は英語圏を代表する会計学者の一人です。ノーベス教授は特にIFRSに関する活躍をしています。ノーベス教授のファースト・ネームは，英語として発音する際にも複数の発音が用いられています。そのため，日本ではノーブスやノウブスという表記も見受けられます。『ノーベス会計学入門』では，最もフォーマルにはノーベスという発音が採用されているという認識から，ノーベスという表記を採用しています。ノーベスという発音はラテン語の影響を受けた発音です。

ノーベス教授の所属するロンドン大学は功利主義のジェレ
ミー・ベンサムゆかりの大学です。『ノーベス会計学入門』
の中にはノーベス教授への功利主義の影響を感じられる文言
も含まれています。

　『ノーベス会計学入門』の原著を発行したオックスフォー
ド出版局はオックスフォード大学の部署です。オックス
フォード出版局はVery Short Introductionsという様々な学
術領域の入門者向け教科書のシリーズを発行しています。
『ノーベス会計学入門』の原著もそのシリーズに含まれてい
ます。オックスフォード大学はラテン語に関する研究に精力
的です。『ノーベス会計学入門』の原著においてもラテン語
が積極的に用いられています。

　翻訳においては税務経理協会からの提案により入門者が読
みやすいようにするべく，完全な直訳にはせず意訳をある程
度採用しています。入門者のための教科書である，という点
ではノーベス教授の意図にも沿っていることでしょう。ただ
し，意訳の程度は福澤諭吉が翻訳した『帳合之法』までは行
きませんが，ノーベス教授はニュアンスにも力を入れて原著
を執筆しています。教育目的よりも研究目的で『ノーベス会
計学入門』を読む場合には，原著も同時に参照することでそ
の箇所のニュアンスをより深く理解できるでしょう。

　『ノーベス会計学入門』の訳者は水谷文宣の一名のみです。
会計学の入門者向け教科書の翻訳の過去の事例や他の学術領
域における類似した位置付けの教科書の翻訳の事例を見ます
と，複数名から構成されるチームでの翻訳が目立ちます。
チームでの翻訳は各訳者の専門分野の知識を活かせるという

メリットはあるのかもしれませんが，『ノーベス会計学入門』は訳者が1名であることから翻訳の方針の一貫性が高いというメリットを発揮できているかと思います。

　『ノーベス会計学入門』の発行を引き受けてくれたのみでなく，知的財産権への対応をしてくれたり校正において原稿を読み込んだ意見をくれた税務経理協会に感謝いたします。特に，発行の準備の初期の段階から大坪克行社長にはお世話になり，また原稿に関して編集を担当してくれた大川晋一郎氏にお世話になりました。お二人には特に感謝いたします。

　　2021年3月

　　　　　　　　　　　　　　　　　　水谷　文宣

著者紹介

クリストファー・ノーベス（Christopher Nobes）

ロンドン大学ロイヤル・ホロウェイ校教授
シドニー大学会計学教授，ノルウェー・ビジネス・スクール非常勤教授
国際会計基準委員会メンバー

【主要研究業績】

Pocket Accounting : The Essentials of Accounting from A to Z（Economist Books, 2001）第4版

Dictionary of Accounting（Penguin, 2002）

訳者紹介

水谷　文宣（みずたに　ふみのぶ）

関東学院大学経営学部准教授
アメリカ会計学会会員

【主要研究業績】

SROI with Assurance Can Help Contributors Distinguish Hypocritical Organizations from Genuine NFPs（2021年に*Emerging Science Journal*に掲載）

The 2016 International Conference on Business and Economicsにおける Best Paper Awardの受賞者（大韓民国政府が後援）

著者との契約により検印省略

令和3年10月10日　初版第1刷発行　　**ノーベス会計学入門**

著　　者	クリストファー・ノーベス	
訳　　者	水　谷　文　宣	
発 行 者	大　坪　克　行	
印 刷 所	税 経 印 刷 株 式 会 社	
製 本 所	牧 製 本 印 刷 株 式 会 社	

発行所　〒161-0033 東京都新宿区　　株式　**税務経理協会**
　　　　下落合2丁目5番13号　　　　会社

振　替　00190-2-187408　　　電話（03）3953-3301（編集部）
ＦＡＸ　（03）3565-3391　　　　　　（03）3953-3325（営業部）
URL　http://www.zeikei.co.jp/
乱丁・落丁の場合は，お取替えいたします。

© 　水谷文宣　2021　　　　　　　　　　　　　　　Printed in Japan

ISBN978-4-419-06826-4　C3034